AF531874

Die Bibel erklärt

—

Galater – Arbeitsbuch

Timothy Keller

INHALT

EINLEITUNG

Jeder Bibelkreis ist anders. Es kann sein, dass deiner in der Gemeinde stattfindet oder zu Hause oder in einem Café oder unterwegs im Zug. Gemütlich bei einer Tasse Kaffee am Vormittag oder hektisch während einer 30-minütigen Mittagspause. Die Teilnehmer können frischgebackene oder auch gestandene Christen sein, komplette Nichtchristen, junge Mütter, die ihr Kleinkind mitgebracht haben, Studenten, Geschäftsleute oder Teenager. Wir haben dieses Arbeitsheft entsprechend flexibel gestaltet, zum Einsatz in verschiedenen Kontexten.

Das Ziel ist es jeweils, zu ermitteln, was in dem entsprechenden Bibelabschnitt steht und wie dies mit dem »großen Bild« der Bibel als ganzer zusammenhängt. Doch es geht noch weiter: Wir müssen das, was wir entdeckt haben, auch auf unser Leben anwenden. Insgesamt gibt es die folgenden Schritte:

↳ **Einstieg:** Meistens muss zu Beginn der Sitzung erst einmal »das Eis gebrochen« werden. Hier findet ihr die Frage, die genau das leistet. Sie ist so formuliert, dass sie zum Reden über ein Thema anregt, das in dieser Sitzung behandelt werden wird.

↓ **Was steht da?** Der Bibeltext wird in überschaubare Abschnitte gegliedert, mit Fragen, die uns helfen, die Aussage des Textes zu verstehen. Die **Arbeitshilfe für Gruppenleiter** enthält **Fragen zum Studium** sowie manchmal ⟳ zusätzliche Fragen zur Vertiefung.

↓↓ **Tiefer schürfen (optional):** Diese Fragen helfen dir, das Gelernte mit anderen Stellen in der Bibel zu vernetzen, sodass sich die verschiedenen Puzzle-Stücke zu einem Gesamtbild zusammenfügen. Manchmal behandeln diese Fragen auch einen Aspekt des Bibeltextes, der im Hauptstudienteil nur gestreift worden ist.

→ **Ab in die Praxis:** Diese Fragen sollen der Gruppe helfen, darüber nachzudenken, was das, was da in der Bibel steht, für die Lebenspraxis des Einzelnen wie der Gemeinde bedeutet.

Ganz persönlich: Diese Abschnitte sind Hilfen zum Nachdenken, Planen und Beten bezüglich der Veränderungen, die aufgrund dessen, was ich in diesem Bibeltext gelernt habe, möglicherweise in meinem Leben nötig sind.

↑ **Zum Beten:** Dieses Arbeitsheft möchte Mut machen zu einem Beten, das in Gottes Wort wurzelt und auf seine Wünsche, Ziele und Verheißungen ausgerichtet ist. Daher endet jeder Abschnitt mit der Gelegenheit, die Erkenntnisse und Anfragen, die sich während des Bibelstudiums ergeben haben, noch einmal zusammenzufassen und Bitt- und Dankgebete daraus zu machen.

Die **Arbeitshilfe für Gruppenleiter** bietet historische Hintergrundinformationen, Erläuterungen der zu behandelnden Bibeltexte, Ideen für **Extra**-Aktivitäten und Hilfen, wie man Menschen am besten dabei unterstützen kann, die Wahrheiten des Wortes Gottes zu entdecken.

WARUM DEN GALATERBRIEF STUDIEREN?

Was ist dein Evangelium?

In Galatien hatte die junge Kirche um das Jahr 50 die Wahl zwischen zwei verschiedenen »Evangelien« – zwei Arten, zu leben, zu denken, das rechte Verhältnis zu Gott zu suchen.

Da waren einmal die Lehrer, die diesen jungen Christen sagten, dass es auf ihre Leistungen ankam. Selbstverständlich galt es, auf Christus und seinen Tod am Kreuz zu vertrauen. Aber wenn Gott sie wirklich annehmen sollte, mussten sie sich auch noch beschneiden lassen und das alttestamentliche Gesetz halten. Als Christ musste man sich anstrengen.

Und zum anderen war da Paulus, der Missionar, der die Kirche in Galatien erst vor ein paar Jahren gegründet hatte. Er fand die Galater »unverständig« und »bezaubert« (Gal 3,1). Das Evangelium, dem sie sich da zuwandten, war gar keines (1,7).

Die einzige Leistung, die zählte, war die von Christus – sein Leben, sein Tod und seine Auferstehung. Der Glaube an Jesus war alles, was man brauchte, um von Gott angenommen zu werden. Die Werke des Gesetzes brachten nichts; wer auf sie setzte, kam unter Gottes »Fluch« (3,10). Es war nicht egal, welchem »Evangelium« die Galater folgten!

Noch heute stehen die Christen vor der Wahl zwischen dem wahren Evangelium »Christus allein« und dem Pseudo-Evangelium »Christus plus«. »Christus plus« kann heute anders aussehen als damals in Galatien, aber es ist nach wie vor attraktiv und eine subtile Verdrehung des wahren Evangeliums – und somit tödlich.

Paulus wusste, dass der, der das wahre Evangelium verlässt, Christus selbst verlässt und damit die Erlösung, den Segen und die Freiheit, die er uns schenkt. Das Evangelium ist entscheidend. Paulus war klar: Es ging um alles oder nichts.

Es geht auch heute um alles oder nichts. In den folgenden sieben Kapiteln über den Galaterbrief werden wir ein Evangelium entdecken, das wunderbar, echt befreiend und zutiefst wahr ist. Paulus wird uns zeigen, dass die Probleme in unserem Christenleben dann auftreten, wenn wir dieses Evangelium verlieren oder vergessen bzw. nicht mehr nach ihm leben.

Und mehr als einmal wird er uns fragen: Was ist **dein** Evangelium?

DIE ZEITSCHIENE DER BIBEL

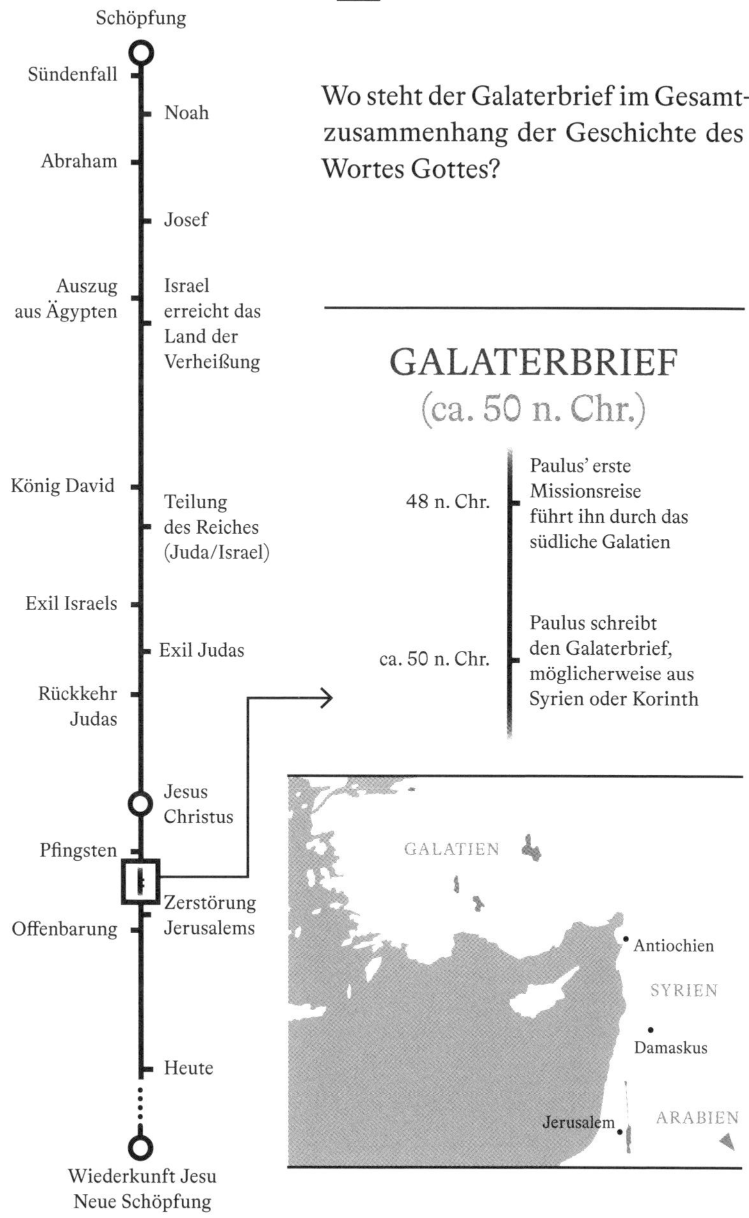

GALATER 1,1–9

1. WELCHES EVANGELIUM?

↳ ***Einstieg***

1. Welche Dinge überraschen bzw. enttäuschen dich?

↓ ***Was steht da?***

○ **Lies Galater 1,1–9**

2. In was für einer inneren Verfassung ist Paulus zu Beginn seines Briefes?

Wörterbuch

Gnade (V. 3): unverdiente Gunst.
Evangelium (V. 6): Botschaft (typischerweise eine gute).
Verkehren (V. 7): umkehren, pervertieren.

Welche Gründe dafür nennen diese Verse?

3. Wie beschreibt Paulus sich in Vers 1? Was sagt dieser Vers darüber aus, was er mit diesem Wort meint?

↓↓ *Tiefer schürfen*

○ **Lies Römer 1,8–10; 1. Korinther 1,4–7; Epheser 1,15–17; Philipper 1,3–8; Kolosser 1,3–6.**

Was haben diese Stellen gemeinsam,
was am Anfang des Galaterbriefes fehlt?
Was wollte Paulus durch dieses Auslassen
wohl bei den Galatern erreichen?
Was bedeutet das für die Art, wie wir den Galaterbrief lesen?

---

4. Die Verse 1–5 enthalten den Kern von Paulus' Botschaft. Was ist nach diesen Versen »das Evangelium«?

Warum bringt dieses Evangelium den Menschen »Gnade … und Friede von Gott« (V. 3)?

Wem gebührt die Ehre für das Evangelium? Warum ist das angemessen?

→ ***Ab in die Praxis***

5. Vers 5 ist die Motivation für alles, was Paulus tut. Inwieweit ist das eine Herausforderung für uns?

↻ ***Ganz persönlich***

Was würdest du jemandem antworten, der dich fragt, was das Evangelium ist? Schreibe doch einmal deine Definition des Evangeliums auf und nutze die Verse 1–5 als Stütze.

Welchem Menschen willst du diese Woche das Evangelium erklären? Bitte Gott, dir eine Gelegenheit dazu zu geben!

↓ ***Was steht da?***

Wir haben gesehen, dass Paulus sich »wundert«, dass sich die Christen in Galatien »einem anderen Evangelium« zuwenden (V. 6).

6. **Lies Galater 3,1–5.** Wie haben die falschen Lehrer in Galatien das Evangelium verändert?

7. Wie beurteilt Paulus Veränderungen an der Botschaft des Evangeliums (1,6–7)?

Warum tut er das?

8. Wie steht Paulus zu denen, die das Evangelium »verkehren« (1,8–9)?

Was ist also das echte Evangelium, was bringt es uns und was bringt es Gott? Findest du, dass Paulus’ deutliche Worte berechtigt sind? Warum bzw. warum nicht?

---

9. Wann haben die Galater das wahre »Evangelium Christi« gehört (V. 8)? Inwieweit zeigt Vers 1 uns, dass dieses Evangelium das wahre ist?

→ ***Ab in die Praxis***

10. Welche Hinzufügungen zur Botschaft des Evangeliums gibt es heute?

---

11. Warum reagieren wir auf falsche Evangelien manchmal nicht so wie Paulus?

Ganz persönlich

Man kann das Evangelium nicht verändern, ohne es zu verlieren. Es ist wie bei einem Vakuum – sobald man Luft hineinlässt, ist es keines mehr!

Wo und wie bist *du* versucht, das Evangelium von dem gekreuzigten und auferstandenen Jesus Christus, der unser Erlöser und Herr ist, abzuändern?

Wie betroffen bist du, wenn du hörst, wie jemand die Botschaft des Evangeliums verändert? Hast du die gleiche Einstellung wie Paulus? Warum bzw. warum nicht?

12. Warum ist das echte Evangelium wunderbar?

↑ *Zum Beten*

Danke Gott für:

- sein Aussenden von Aposteln, die das Evangelium predigen und verteidigen.
- Paulus' leidenschaftlichen Einsatz für die Wahrheit des Evangeliums.
- das Evangelium selbst. Danke Gott, dass er durch den Tod seines Sohnes sein Volk von seinen Sünden erlöst hat und durch seine Auferstehung dokumentiert hat, dass Vergebung möglich ist.

Bitte Gott:

- deine Liebe für das Evangelium tiefer zu machen.
- dir zu helfen, falsche, pervertierte Evangelien zu erkennen und weise darauf zu reagieren.
- um Gelegenheiten, in dieser Woche das wahre Evangelium weiterzusagen.

GALATER 1, 10–2, 10

—

2.
EINHEIT DURCH DAS EVANGELIUM

Rekapitulieren wir: Paulus ist erstaunt, dass die Gemeinden in Galatien das wahre Evangelium verkehren, das uns Gnade und Frieden und Gott die Ehre bringt.

↳ ***Einstieg***

1. Ist die Einheit der Christen wichtig, und warum?

Kann diese Einheit manchmal auch etwas Schlechtes sein?

↓ *Was steht da?*

○ **Lies Galater 1,10–24.**

In diesem Abschnitt (und weiter, bis 2,21) gibt Paulus uns eine (sehr kurze!) Autobiographie.

Wörterbuch

Offenbarung (V. 12): eine direkte Botschaft von Gott.
Eifern (V. 14): sich leidenschaftlich für etwas einsetzen.
Heiden (V. 16): Nichtjuden.
Kephas (= Petrus), Jakobus (V. 18–19): zwei Leiter der Jerusalemer Gemeinde.
Judäa (V. 22): die Gegend um Jerusalem.

2. Was sagt er darin über:
   sein Leben, bevor er Christ wurde?

   seine Bekehrung zu Christus?

   das, was er tat, nachdem er Christ geworden war?

3. Was für ein Mensch war Paulus, bevor er Christ wurde? Was ist an den Versen 15–16a so erstaunlich und wunderbar?

Ganz persönlich

Sich Zeit für Gott zu nehmen, wie Paulus dies in Arabien tat, ist entscheidend wichtig für unsere Gottesbeziehung. Aber wir leben in einer Zeit, die zu viel Wert auf Aktivitäten und Leistungen legt.

Nimmst du dir Zeit für Gott? Liest du die Bibel, betest du? Nimmst du dir in deinem Tagesablauf Zeit, um über deine Identität als Gottes Kind nachzudenken? Nimmst du dir am Ende des Tages Zeit, um über den Tag nachzudenken und Gott für seine Gnade zu danken und ihm deine Schuld zu bekennen?

Wir haben gesehen, dass »einige« Leute den Galatern suggerierten, sie sollten der Lehre des Paulus nicht vertrauen (V. 7).

---

4. Auf welche Behauptungen über sich scheint Paulus in diesen Versen zu antworten?

---

5. Wie zeigt sich laut Vers 10, dass ein Leben vom Evangelium verändert worden ist?

→ Ab in die Praxis

6. Wann fällt es uns schwer, Gott und nicht den Menschen zu gefallen?

Wie kann das Nachdenken über das Evangelium, das Paulus und uns erlöst hat, frei machen von dem Zwang, Menschen zu gefallen?

↓ *Was steht da?*

○ **Lies Galater 2,1–10.**

Als Paulus »nach Jerusalem« ging (V. 1), tat er dies nicht aus Angst, dass seine Botschaft falsch war. Er war schließlich ein Apostel, der eine »Offenbarung« von Gott bekommen hatte (V. 2); er musste niemanden um Erlaubnis bitten. Aber er befürchtete, womöglich vergeblich gearbeitet zu haben (vgl. V. 2).

Wie wir schon in Kapitel 1 sahen, lehrten gewisse »falsche Brüder« (V. 4), dass der Glaube an Christus nicht ausreichte, sondern dass es, um erlöst zu werden, diesen Glauben **und** das Halten der jüdischen Gesetze brauchte – z. B., dass man sich beschneiden ließ. Hätten die Leiter der Jerusalemer Kirche diesen Lehrern recht gegeben, hätte das die Spaltung der Kirche in einen »heidnischen« (allein der Glaube) und einen »jüdischen« (Glaube plus Werke) Flügel bedeutet.

Wörterbuch

Beschneiden, Beschneidung (V. 3): war im Alten Testament den jüdischen Männern von Gott befohlen, als Zeichen, dass sie ihm gehörten und vertrauten.
Als Säulen angesehen (V. 9): als sehr wichtig betrachtet.

7. Warum war die Entscheidung der Jerusalemer Gemeindeleiter bezüglich Titus (V. 3) so wichtig?

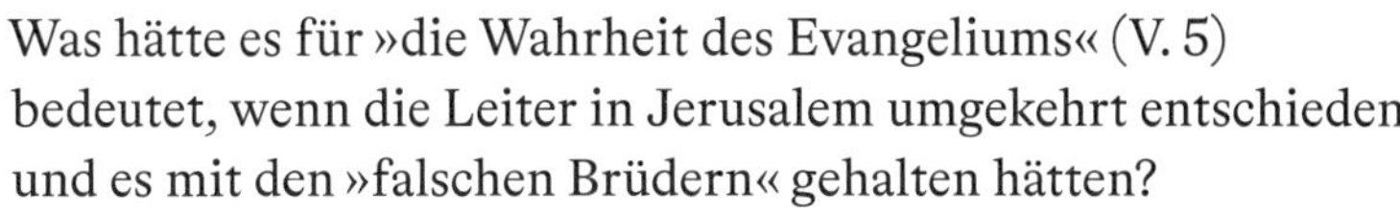

Was hätte es für »die Wahrheit des Evangeliums« (V. 5) bedeutet, wenn die Leiter in Jerusalem umgekehrt entschieden und es mit den »falschen Brüdern« gehalten hätten?

8. Was war es, das die Jerusalemer Apostel bei Paulus erkannten (V. 6–9)?

9. Was zeigt diese Episode über die Wichtigkeit der Bemühung um die Einheit der Kirche?

Und was zeigt sie uns über die Grenzen der Einheit? (Lies dazu Verse 4–5.)

↓↓ ***Tiefer schürfen***

Sowohl Paulus als auch die Leiter in Jerusalem machten die Armen zu einer Priorität (V. 10).

○ **Lies 3. Mose 23,22 und 5. Mose 15,7–8.**

Wie sollte Gottes Volk im Land Israel die Armen in seiner Mitte behandeln?

○ **Lies 1. Johannes 3,16–17 und 2. Korinther 8,8–15.**

Wie soll Gottes Volk heute die Armen in seiner Mitte behandeln? Welches Beispiel gibt uns 2. Korinther 8?

○ **Lies Matthäus 5,43–48 und Matthäus 25,31–46.**

Was zeigt es über uns Christen, wenn wir uns um die Armen kümmern bzw. sie links liegen lassen? Warum handelten die Apostel richtig, als sie dem »dass wir der Armen gedächten« (Gal 2,10) eine hohe Priorität gaben? Was sagt das dir persönlich bzw. deiner Gemeinde vor Ort?

→ ***Ab in die Praxis***

10. Welche Freiheit gibt uns das biblische Evangelium, die es in Religionen vom Typ »Du musst dir deine Erlösung erarbeiten« nicht gibt?

---

11. Dieser Abschnitt zeigt uns einiges darüber, wie uns das Kennen und Lieben des wahren Evangeliums verändert. Wie könnte das in deinem persönlichen Leben und in dem Leben deiner Gemeinde aussehen?
Galater 1,10:

1, 24:

2, 9–10:

Ganz persönlich

Die persönliche Gemeinschaft mit Gott ist ein zentraler Teil des Christenlebens, aber das Christenleben ist kein Einsiedlerleben. Die Mitarbeit in der Gemeinde und die Einheit der Gemeinde sind wichtig.

Wie stark bist du in deiner Gemeinde engagiert? Was unternimmst du, um die Einheit mit deinen Brüdern und Schwestern zu pflegen und zu zeigen?

Stehst du manchmal in der Gefahr, dir in deiner Gemeinde »die Rosinen herauszupicken« anstatt den anderen zu dienen?

↑ *Zum Beten*

Danke Gott:

- dafür, wie er jeden Einzelnen von euch erlöst hat. (Wenn ihr wollt, tauscht euch vorher kurz darüber aus, wie ihr zu Jesus gefunden habt.)
- für die Einheit, die du mit anderen Christen jeder Herkunft und jeder Kultur hast.

Bitte Gott:

- dich daran zu erinnern, dass er für dich ist, sodass du niemand anderen brauchst.
- dich zu einem Menschen zu machen, der ihm Freude machen und seinem Volk dienen will.

GALATER 2,11–21

3.
DAS EVANGELIUM FÜR CHRISTEN

Rekapitulieren wir: Paulus ist erstaunt, dass die Gemeinden in Galatien das wahre Evangelium verkehren, das uns Gnade und Frieden und Gott die Ehre bringt.

Schon bevor er ihn rettete, war Gott in Paulus am Werk, um ihn als Prediger des Evangeliums zuzurüsten. Seine Reise nach Jerusalem zeigte, dass es in dem apostolischen Evangelium allein um den Glauben an Christus geht.

↳ *Einstieg*

1. Welche Menschen brauchen das Evangelium,
   und was haben sie davon?

↓ *Was steht da?*

○ **Lies Galater 2,11–21.**

2. Petrus war einer der engsten Freunde von Jesus. Er hatte ihn als Lehrer, als Heiler, als Vorbild und als den Auferstandenen erlebt. Was ist überraschend an Vers 11?

   Was hatte Petrus getan, dass Paulus so reagierte (V. 12–15)?

3. Wie sah Paulus das Verhalten von Petrus und Barnabas (V. 14a)? Was ist daran so wichtig?

↓↓ *Tiefer schürfen*

○ **Lies Apostelgeschichte 11,1–18.**
Warum hatte Petrus angefangen, mit den Heiden zu essen?
Was war an seiner Vision so wichtig (V. 18)?
Inwiefern macht das Petrus' Verhalten in Galater 2,12 noch schlimmer?

Wörterbuch

Die aus der Beschneidung (V. 12): Lehrer, die sagten, dass man, um vor Gott angenehm zu sein, außer dem Glauben an Jesus auch noch die Beschneidung brauchte, um vor Gott angenehm zu sein.
Heucheln (V. 13): etwas sagen bzw. glauben und dann das Gegenteil davon tun.
Gesetz (V. 16): Gottes Gebote über das richtige Leben mit ihm, wie sie sich im Alten Testament finden.
Gerecht(fertigt) werden (V. 16–17): für unschuldig erklärt werden.
Gerechtigkeit (V. 21): hier: in der richtigen Beziehung zu Gott stehen.

→ *Ab in die Praxis*

4. Auf welche Weise können wir von anderen Christen verlangen, dass sie so leben wie wir (oder gar die Messlatte für sie höher legen als für uns selbst)?

Warum tun wir das? (Einen Grund finden wir in Vers 12.)

Ganz persönlich

Musst du angesichts deiner Antworten zu Frage 4 vielleicht deine Einstellung oder dein Verhalten gegenüber manchen Menschen ändern? Wie wirst du das tun?

↓ ***Was steht da?***

5. Lies die Verse 15–16. Woran erinnert Paulus Petrus hier:
was das Befolgen von Gottes Geboten betrifft?

was den Glauben an Jesus betrifft?

Was zeigen uns diese Verse über die Bedeutung des Wortes »Rechtfertigung«?

6. Welchen möglichen Einwand gegen die Rechtfertigung allein durch den Glauben erwähnt Paulus in Vers 17? Warum ist dieser Einwand verständlich?

Verse 18–21 sind Paulus' Antwort auf die Frage in Vers 17. Vers 18 ist nicht leicht zu verstehen. Wahrscheinlich kann man ihn so verstehen: *Wenn jemand, der angeblich Christus in sein Leben aufgenommen hat, seinen alten Lebensstil nicht ändert, zeigt dies, dass er das Evangelium nicht verstanden hat, sondern nur nach einer Ausrede suchte, um Gott nicht gehorchen zu müssen.*

Wichtiger, ja entscheidend für Paulus' Argumentation sind die Verse 19–21. Es sind starke Worte, und für den Rest dieses Kapitels wollen wir uns auf sie konzentrieren.

»Durch das Gesetz« (V. 19) – d. h. als er versuchte, es zu befolgen, und erkennen musste, dass er das nie schaffen würde – begriff Paulus, dass das Gesetz ihn nicht erlösen konnte.

---

7. In Vers 19 lässt Paulus durchblicken, dass er, als er versuchte, sich durch die Befolgung des Gesetzes selbst zu erlösen, nicht »für Gott leben« konnte. Was war wohl der Grund?

Doch jetzt ist Paulus für das Gesetz als Mittel zur Selbsterlösung »gestorben«, weil er erkannt hat, dass nur Christus – und nicht sein eigener Gehorsam – ihn retten kann. Warum bedeutet das, dass er jetzt »für Gott leben« kann?

---

8. Was ist laut den Versen 19–20a mit dem alten, sündigen Ich des Christen geschehen? Was sieht Gott, wenn er einen Christen anschaut?

Was bedeutet dies für das Leben, das man als Christ führt (V. 20)?

---

9. Versuche, Vers 21 mit deinen eigenen Worten wiederzugeben.

→ ***Ab in die Praxis***

10. Was ist aufgrund dieser Verse »die Wahrheit des Evangeliums«?

Wer braucht diese Wahrheit?
(Vergleiche noch einmal die Verse 11–14.)

Was bedeutet diese Wahrheit für unser Leben?

---

11. In welchen Bereichen deines Lebens fällt es dir am schwersten, im Einklang mit der Wahrheit des Evangeliums zu leben?

Paulus half Petrus, indem er ihn auf das Evangelium der Rechtfertigung durch den Glauben hinwies. Er sagte ihm nicht einfach, dass er falsch lag!

12. Was kannst du einem Christen antworten,
der dir das Folgende sagt:
»Jesus hat mich erlöst, und jetzt folge ich ihm nach,
damit er mir weiter vergibt.«

»Wenn ein anderer Autofahrer mir die Vorfahrt nimmt,
werde ich jedes Mal fuchsteufelswild.«

»Teenager, die Christen werden, müssen lernen,
lange Predigten zu mögen.«

Ganz persönlich

Was ist das Evangelium für dich – eine Fahrkarte in den Himmel oder ein Manifest für dein Alltagsleben hier und jetzt?

Christen haben die Aufgabe, alles in ihrem Leben – ihr Denken, ihre Gefühle, ihr Verhalten – in Übereinstimmung mit dem Evangelium zu bringen. Ist dies etwas, das du bewusst tust? Überlegst du jeden Morgen, wie das Evangelium das, was du an diesem Tag tust und wie du es tust, prägen wird?

↑ *Zum Beten*

Danke Gott dafür, dass der Glaube an Christus alles ist, was du brauchst, um vor ihm als gerecht dazustehen.

Bitte Gott, dir zu zeigen, wie du das Evangelium in jedem Bereich deines Lebens ausleben kannst, und dich sensibel dafür zu machen, wo du eventuell von deinen Mitchristen erwartest, dass sie ihren Glauben durch Werke ergänzen.

GALATER 3,1–25

4. DAS EVANGELIUM UND DAS GESETZ

Rekapitulieren wir: Paulus ist erstaunt, dass die Gemeinden in Galatien das wahre Evangelium verkehren, das uns Gnade und Frieden und Gott die Ehre bringt.

Schon bevor er ihn rettete, war Gott in Paulus am Werk, um ihn als Prediger des Evangeliums zuzurüsten. Seine Reise nach Jerusalem zeigte, dass es in dem apostolischen Evangelium allein um den Glauben an Christus geht.

Als Petrus nicht in Übereinstimmung mit dem Evangelium von der Rechtfertigung durch den Glauben lebte, forderte Paulus ihn auf, seine Einstellung und sein Verhalten ganz vom Evangelium bestimmen zu lassen.

↳ ***Einstieg***

1. Wozu ist Gottes Gesetz da?

↓ *Was steht da?*

○ **Lies Galater 3,1–5.**

2. Was sind die Antworten auf Paulus' Fragen in den Versen 1–5?

Wörterbuch

Vor die Augen gemalt (V. 1): dargestellt, erklärt.
Vollenden (V. 3): das Ziel erreichen.

Was will er den Galatern mit all dem sagen?

→ *Ab in die Praxis*

3. Was sagen uns diese Verse darüber, wie man als Christ wächst?

↓ *Was steht da?*

○ **Lies Galater 3,6–14.**

4. Wie bekam Abraham das rechte Verhältnis zu Gott (V. 6)?

Wörterbuch

Gesegnet (V. 8): in diesem Kontext: ein Leben, das sich daran erfreut, Gott zu kennen und unter der Herrschaft seines Wortes zu leben.
Buch des Gesetzes (V. 10): die Bücher Mose.

Inwieweit war das ein Vorbild für die Galater, die Nichtjuden waren und 1 500 Jahre nach Abraham lebten?

↓↓ *Tiefer schürfen*

○ **Lies 1. Mose 15,1–21.**

Was erwartet Abraham (hier noch Abram) von Gott, obwohl er schon fast 100 Jahre alt ist (V. 4–6)?

Er vertraut darauf, dass Gott seine Verheißungen (vgl. 1 Mose 12,1–3) erfüllen wird. Diese Art Glaube ist es, auf den hin Gott Menschen für gerecht erklärt (V. 6).

Was muss Abraham tun (V. 9–11)?

Feuer ist ein Zeichen der Gegenwart Gottes, und das Hindurchgehen zwischen Tierhälften war eine antike Methode der Besiegelung eines Bundes. In der Regel gingen beide Parteien zwischen den Tierhälften hindurch, zum Zeichen dafür, dass sie sterben würden, falls sie den Bund brachen.

Wer geht hier zwischen den Tierstücken hindurch und wer nicht (V. 12 und 17)? Was zeigt Gott hier darüber, wer diesen Bund halten wird? Warum ist dies eine gute Botschaft für den schwachen Abraham?

In Galater 3,12 schreibt Paulus: »Der Mensch, der es tut, wird dadurch leben.« »Durch etwas leben« bedeutet, dass ich davon mein Glück und meine Erfüllung erwarte. Dieses Etwas gibt mir Sinn, Zuversicht und Identität.

---

5. Wozu führt es, wenn wir uns auf das Gesetz verlassen?

Was ist wohl der Grund dafür?

---

6. Wenn Vers 10 wahr ist, wie kann uns Gott dann gerecht sprechen, ohne dabei ungerecht zu sein (V. 13)?

Was bringt uns das Vertrauen auf den Tod Christi? Warum ist dies so gewaltig?

Ganz persönlich

Bist du dir klar darüber, dass du dann, wenn du an Christus glaubst, ein Gesegneter bist, der unter keinem göttlichen oder emotionalen Fluch mehr steht?

Was lässt dich ängstlich, neidisch oder verzweifelt werden? Wie kann die bewusste Erinnerung daran, dass du von Gott durch seinen Sohn erlöst und gesegnet und von seinem Geist erfüllt bist, dir helfen, deine Gefühle in diesen Momenten zu lenken?

○ Lies Galater 3,15–25.

Das Gesetz des Mose wurde 430 Jahre nach den Verheißungen an Abraham von Gott gegeben. Bedeutet das nicht, dass damit die Verheißungen überholt sind? Dann müssten wir ja das Gesetz einhalten, um gerettet zu werden!

Wörterbuch

Übertretungen (V. 19): Sünden.
Mittler (V. 19–20): jemand, der gegenüber zwei Personen (oder Gruppen) das Nötige tut, um Frieden zwischen ihnen zu schaffen.
Zuchtmeister (V. 25): das griechische Wort bedeutet wörtlich »Vormundschaft«, d. h. die Betreuung durch einen Lehrer.

7. Wie beantwortet Paulus diesen Einwand (V. 15–18)?

8. Was kann das Gesetz *nicht* (V. 21)?

   Was *kann das Gesetz* (V. 22–23)?

   Was ist also der Sinn des Gesetzes (V. 24–25)?

9. Wir stehen also nicht mehr unter der Vormundschaft des Gesetzes (V. 25). Heißt das, dass Christen die Gebote Gottes egal sein können? Warum bzw. warum nicht? (Ein Tipp: Lies noch einmal Galater 2,19–20.)

→ ***Ab in die Praxis***

10. Warum müssen die Menschen, um das Befreiende am Kreuzestod Jesu verstehen zu können, erst einmal erkennen, dass Gott ein Gott ist, der Gebote gegeben hat?

---

11. Wie kann ein gläubiger Christ, ohne es zu merken, zurück unter den Fluch der Befolgung des Gesetzes fallen?

Was würdest du einem Christen sagen, dem das passiert ist?

Ganz persönlich

Wie hat dieser Abschnitt dich motiviert,

- Jesus zu lieben?
- das Gesetz zu befolgen?
- anderen das Evangelium zu bringen?

↑ ***Zum Beten***

»Christus aber hat uns losgekauft von dem Fluch des Gesetzes, da er zum Fluch wurde für uns … auf dass der Segen Abrahams zu den Heiden komme durch Christus Jesus« (V. 13–14).

Nehmt euch Zeit, um Gott als Gruppe dafür zu **danken**, was er euch durch den Herrn Jesus alles an Freuden geschenkt und an Lasten abgenommen hat.

GALATER 3, 26–4, 31

—

5. KINDER GOTTES DURCH DAS EVANGELIUM

Rekapitulieren wir: Schon bevor er ihn rettete, war Gott in Paulus am Werk, um ihn als Prediger des Evangeliums zuzurüsten. Seine Reise nach Jerusalem zeigte, dass es in dem apostolischen Evangelium allein um den Glauben an Christus geht.

Als Petrus nicht in Übereinstimmung mit dem Evangelium von der Rechtfertigung durch den Glauben lebte, forderte Paulus ihn auf, seine Einstellung und sein Verhalten ganz vom Evangelium bestimmen zu lassen.

Paulus appelliert an die Galater, Jesus zu vertrauen, der das getan hat, was das Gesetz nicht kann. Er hat den Fluch, unter dem wir standen, weggenommen und uns Gottes Segen geschenkt.

↳ ***Einstieg***

1. Wenn du hundert Personen fragst, was der Unterschied zwischen dem Christentum und anderen Religionen ist, welche Antworten würdest du wohl bekommen?

Wie würdest *du* diesen Unterschied beschreiben?

↓ ***Was steht da?***

○ **Lies Galater 3,26–4,7.**

2. Wer ist ein Kind (Sohn) Gottes, und warum (V. 26–27)?

Wörterbuch

Grieche (3,28): Nichtjude.
Mächte (4,3): Paulus meint damit ein Glaubenssystem, nach welchem wir uns selbst erlösen müssen, indem wir falsche Götter anbeten oder religiöse Gebote befolgen.
Abba (4,6): Aramäisch für »Papa«.

3. Warum ist es wunderbar, ein Kind (Sohn) Gottes zu sein?
3,29

4,1–5,7

4,6

4. Was ist die Beziehung zwischen dem Werk des Sohnes und dem Wirken des Heiligen Geistes (V. 4–7)?

→ *Ab in die Praxis*

5. Was sollte ein Christ tun, der gerade keine innere Freude hat oder sich nicht von Gott geliebt fühlt?

Ganz persönlich

Als Kinder bzw. Söhne Gottes wissen wir, dass Gott uns so behandelt, als hätten *wir* alles getan, was Jesus getan hat. Wir können so vor ihn treten, als seien wir gerade so treu, schön und heldenhaft wie Jesus selbst. Wir sind Jesu Miterben. Wenn Gott uns sieht, sieht er Jesus.

Was macht diese Tatsache mit dir? Wie kannst du für den Rest deines Lebens täglich über die Realität und das Vorrecht, Kind Gottes zu sein, nachsinnen?

↓ *Was steht da?*

○ Lies Galater 4,8–20.

Die Galater waren aus einem heidnischen, götzendienerischen Umfeld heraus Christen geworden. Jetzt sind sie in Gefahr, sich einer judaistischen Gesetzlichkeit zuzuwenden.

Wörterbuch

Beachten (V. 10): einhalten.
Ratlos (V. 20): perplex.

6. Wem oder was wenden sie sich laut den Versen 8–10 zu? Was bedeutet das, was Paulus hier sagt?

↓↓ ***Tiefer schürfen***

Wie beschreibt Paulus seine Beziehung zu den Galatern?

Verse 13–14

Verse 15–16

Wie unterscheidet die Predigt des Paulus sich von der der falschen Lehrer:

in ihrem Ziel?

in den Mitteln?

Was zeigt uns das über eine echte, treue Predigt des Evangeliums?

○ **Lies Galater 4,21–31.**

Paulus hat den Christen in Galatien beigebracht, dass sie mit ihrer Bekehrung zu Christus vollwertige Kinder Abrahams geworden sind. Die falschen Lehrer fordern zusätzlich die Einhaltung aller alttestamentlichen Gesetze, einschließlich der Beschneidung.

Aber was sagt denn das Alte Testament selbst? Paulus krönt seine Argumentation mit einer Gegenüberstellung der beiden Söhne Abrahams – Ismael und Isaak (V. 22).

Wörterbuch

Bildlich zu verstehen (**V. 24**): als Illustration, um etwas zu erklären.
Bundesschlüsse (**V. 24**): hier zu verstehen als »Arten der Beziehung zu Gott«.
Berg Sinai (**V. 24**): der Ort, an dem Gott seinem Volk sein Gesetz gab, als es von Ägypten ins Land der Verheißung zog.
Isaak (**V. 28**): der Sohn Abrahams und seiner Frau Sara (der »Freien«, V. 22).

7. **Lies 1. Mose 16,1–4; 18,10–14; 21,1–10.**
   Was sind die Unterschiede bei der Geburt der beiden Söhne?

8. Für was stehen die beiden Mütter (V. 24–26)? Warum?

Wie viel Glauben benötigte Abraham, um einen Sohn mit Hagar zu zeugen? Wie viel brauchte er, um mit Sara einen Sohn zu bekommen?

Die Bewohner Jerusalems betrachteten Sara als ihre Mutter und Hagar als die Mutter der Heiden. Warum verstärkt dies das, was Paulus hier sagt, zusätzlich?

9. Was haben die Galater zu erwarten (V. 28–29)?

→ ***Ab in die Praxis***

10. Warum brauchen sowohl die »Nichtfrommen« als auch die »Frommen« das Evangelium?

Was meinst du: Warum verfolgen die »Frommen« die Menschen, die sich an das Evangelium halten (V. 29)?

Ganz persönlich

Glaubst du, dass du niemals so »gut« werden kannst, dass du das Evangelium von dem gekreuzigten Christus nicht mehr brauchst?

Glaubst du, dass niemand zu schlecht und niemand zu fromm ist, um durch das Evangelium gerettet zu werden?

Wie prägen deine Antworten auf diese Fragen deine Einstellung a) zu dir selbst und b) zu deinen Mitmenschen?

Zum Beten

Danke Gott für ...

Bekenne Gott ...

Bitte Gott ...

GALATER 5,1–25

6. FREIHEIT UND FRUCHT DES EVANGELIUMS

Rekapitulieren wir: Als Petrus nicht in Übereinstimmung mit dem Evangelium von der Rechtfertigung durch den Glauben lebte, forderte Paulus ihn auf, seine Einstellung und sein Verhalten ganz vom Evangelium bestimmen zu lassen.

Paulus appelliert an die Galater, Jesus zu vertrauen, der das getan hat, was das Gesetz nicht kann. Er hat den Fluch, unter dem wir standen, weggenommen und uns Gottes Segen geschenkt.

Wer an Jesus glaubt, hat ihn »angezogen« und ist ein Sohn Gottes. Er hat Gottes Geist in sich wohnen und darf sich auf sein Erbe freuen.

↳ ***Einstieg***

1. Warum gehorcht ein Kind seinen Eltern?

↓ ***Was steht da?***

○ **Lies Galater 5,1–15.**

2. Was hat Christus getan (V. 1)?
   Wie sollten wir darauf reagieren?

Wörterbuch

Joch (V. 1): Teil des Zuggeschirrs eines Ochsen, das auf seinem Nacken aufliegt.
Christus verloren (V. 4): von ihm entfremdet worden.
Verschneiden (V. 12): kastrieren.
Dem Fleisch Raum geben (V. 13): tun, was ich will.

3. Worin zeigt sich ein rettender Glaube – und worin nicht (V. 5–6)?

Paulus hat die Galater ermahnt, ihre Freiheit (V. 1) nicht aufzugeben, indem sie wieder versuchen, sich selbst ihre Erlösung zu verdienen. Aber er fordert sie auch auf, ihre Freiheit nicht zu missbrauchen.

4. Wozu solltest du die Freiheit, die das Evangelium dir gibt, gebrauchen (V. 13–14)?

Wie *befreit* uns das Evangelium dazu,
Gott und unseren Nächsten wirklich zu lieben?

Wie *motiviert* es uns dazu, Gott und unseren Nächsten zu lieben?

→ ***Ab in die Praxis***

5. Wie kann es uns passieren, dass wir Gott zwar gehorchen, aber aus den falschen Gründen?

Ganz persönlich

Schaue dir deine Antwort auf Frage 5 an. Wann bist *du* versucht, Gott aus den falschen Gründen zu gehorchen?

Du *musst* Gott überhaupt nicht gehorchen – aber das Evangelium bedeutet, dass wir ihm gehorchen *wollen*! Wie willst du das Evangelium benutzen, um deine Motivation für den Gehorsam zu verändern?

↓↓ ***Tiefer schürfen***

In Vers 7 vergleicht Paulus das Christenleben mit einem Wettlauf. Die Galater waren gut gestartet, aber dann vom Kurs abgekommen.

○ **Lies Philipper 3,12–14; Hebräer 12,1–3.**

Was sagen uns diese Bibelabschnitte darüber, wie man als Christ »im Rennen bleibt«? Und welchen Anreiz geben sie uns dazu?

↓ ***Was steht da?***

○ **Lies Galater 5,16–25.**

6. Was geht in jedem Christen vor (V. 16–17)?

Wörterbuch

Begehren erfüllen (**V. 16**): tun, was ich will.
Unter dem Gesetz (**V. 18**): vom Halten des Gesetzes die Erlösung erwarten.
Ausschweifung (**V. 19**): völlig zügelloses sexuelles Verhalten.
Hader (**V. 20**): Streitsucht.

Was macht an dieser Tatsache Mut? Was ist ein Problem?

Das »Begehren« in den Versen 16–17 ist wörtlich ein »Über-Begehren« – das zwanghafte Gefühl, etwas haben zu *müssen*. Es ist ein alles beherrschender Drang, der aus etwas Gutem einen Gott macht.

7. Was sagt uns das darüber, wie unsere sündige Natur funktioniert?

8. *Schaue dir die »Werke des Fleisches« in den Versen 19–21* an. Greife dir zwei oder drei heraus und überlege, inwieweit sie die Folgen eines »Über-Begehrens« sind.

↻ ***Ganz persönlich***

Mit welchen der Dinge in den Versen 19–21 hast du zu kämpfen?

Versuche nicht einfach, dein Verhalten bzw. Fühlen zu verändern. Frage dich vielmehr: Warum mache ich das? Wie versuche ich hier, mit eigenen Mitteln Sicherheit, Zufriedenheit oder Anerkennung zu bekommen, statt mir diese Dinge von Jesus geben zu lassen?

Denke daran, dass du durch den Glauben ein Sohn Gottes geworden bist (3,26). Wie kann das deine Motivation, zu sündigen, wegnehmen?

---

9. Greife dir zwei oder drei Aspekte der Frucht des Geistes in den Versen 22–23 heraus. Inwiefern sind diese Dinge Folgen des Glaubens an das Evangelium? Und was haben sie mit der Nächstenliebe zu tun?

---

10. Was ist unser Anteil am Zustandekommen der Frucht des Geistes? Welche Rolle spielt der Geist selbst (V. 18 u. 22 u. 25)?

↻ ***Ganz persönlich***

Bei welchen Früchten des Geistes musst du Gott besonders bitten, sie in dir wachsen zu lassen?

Wie kann es dir hier helfen, dich in die Wahrheiten des Evangeliums zu vertiefen?

→ ***Ab in die Praxis***

11. Welche der »Werke des Fleisches« (V. 19–21) sind in deiner Kultur besonders häufig und besonders salonfähig?

12. Welche Aspekte der »Frucht des Geistes« (V. 22–23) werden in deiner Gemeinde am wenigsten beachtet und hochgehalten?

Wie würden diese Früchte ganz konkret aussehen?

↑ ***Zum Beten***

Danke Gott für die Freiheit, die du als sein Kind hast, ihm zu dienen und deinen Nächsten zu lieben. Danke ihm, dass er dir seinen Geist gegeben hat. Danke ihm für die Frucht des Geistes, die in den Teilnehmern deiner Gruppe wächst.

Bekenne Gott (laut oder im Stillen), wie du deiner sündigen Natur nachgibst, anstatt im Geist zu leben. Danke ihm, dass du aus Gnade erlöst bist, und nicht aufgrund deiner guten Werke.

Bitte Gott, durch seinen Geist die Frucht des Evangeliums in dir wachsen zu lassen. Tausche dich mit ihm über Menschen (Einzelne oder Gruppen) aus, die jemanden brauchen, der ihnen aus freien Stücken und gern dient, und bitte ihn um seine Hilfe bei diesem Dienst.

GALATER 5,26–6,18

7. DAS EVANGELIUM GENÜGT

Rekapitulieren wir: Paulus appelliert an die Galater, Jesus zu vertrauen, der das getan hat, was das Gesetz nicht kann. Er hat den Fluch, unter dem wir standen, weggenommen und uns Gottes Segen geschenkt.

Wer an Jesus glaubt, hat ihn »angezogen« und ist ein Sohn Gottes. Er hat Gottes Geist in sich wohnen und darf sich auf sein Erbe freuen.

Der Christ ist vom Gesetz als Mittel zur Erlösung befreit, aber wir sollen unsere Freiheit dazu nutzen, unseren Nächsten zu lieben, indem wir das Gesetz befolgen, und wir sollten uns vom Heiligen Geist beherrschen lassen und nicht von den Über-Begierden unseres sündigen Herzens.

↳ *Einstieg*

1. Warum vergleichen wir uns gern mit anderen?

↓ *Was steht da?*

○ **Lies Galater 5,26–6,6.**

Wörterbuch

Eitle Ehre (5,26): ein Kreisen um sich selbst, das ständig Bestätigung von anderen sucht.
Geistlich gesinnt (6,1): so leben, wie der Heilige Geist es will.

2. Warum lässt uns unsere Überheblichkeit (»eitle Ehre«) andere »herausfordern« und »beneiden« (5,26)?

3. Paulus hat die Galater gerade aufgefordert, »im Geist zu wandeln« (5,25), also das Evangelium Christi zu bedenken und auszuleben. Wie macht das Evangelium von der Rechtfertigung allein durch den Glauben die Menschen

... sowohl demütig als auch mutig?

... weniger überheblich?

Ganz persönlich

Neigst du mehr zum Provozieren oder zum Neiden?

Um das herauszufinden, kannst du dich z. B. fragen, *wie* du dich typischerweise mit anderen vergleichst. Denkst du oft: »So was wie der da würde ich nie tun, das liegt unter meinem Niveau«? Das ist Überheblichkeit, die zum Provozieren führt.

Oder denkst du eher so: »Das, was die schafft, würde ich nie schaffen, ich tauge ja nichts«? Das ist die Tür zum Neid.

In welchen Situationen kämpfst du mit Überheblichkeit? Wie kann das Evangelium hier dein Denken und Handeln nachhaltig ändern?

4. Was empfiehlt Paulus den Galatern als Alternative zum Suchen der eigenen Ehre in ihren Beziehungen mit anderen Christen?
   6,1:

   6,2:

   6,3–4:

   6,5:

   6,6:

→ ***Ab in die Praxis***

5. In welchen dieser Dinge ist deine Gemeinde gut?
Wo könnte sie besser werden?

Wie kannst du als Einzelner hier etwas bewirken?

↓ ***Was steht da?***

○ **Lies Galater 6,7–10.**

6. Was ist das Prinzip der Verse 7–8?

↓↓ ***Tiefer schürfen***

○ **Lies Lukas 6,46–49.**

Jesus verwendet das Bild einer Baustelle, während Paulus im Galaterbrief an einen Bauern und sein Feld denkt.

Aber was haben die beiden Stellen gemeinsam? Wie kann Lukas 6 uns helfen, besser zu verstehen, wie wir säen, um dem Heiligen Geist zu gefallen?

7. Wozu ermutigt Paulus in den Versen 9 und 10?

Welche Motive und Prioritäten nennt er? Wie meint er das?

○ **Lies Galater 6,11–18.**

In Vers 12 spricht Paulus wieder über seine Gegner – die falschen Lehrer.

8. Warum sagen sie den Galatern, dass sie sich beschneiden lassen müssen, um erlöst zu werden?

Wörterbuch

Fleisch (V. 13):
hier: was die Menschen mit ihrem eigenen Körper machen (sich beschneiden lassen).
Malzeichen Jesu (V. 17):
die Narben, die Paulus aufgrund seines Dienstes erlitten hat.

Vers 12:

Vers 13:

Was sagt uns das darüber, was diese Leute vor allem wollen (also auf was sie bauen und was sie anbeten)?

9. Was ist hier bei einem wahren Christen anders (V. 14–15)?

10. Inwiefern sind die Verse 14–15 eine Zusammenfassung des ganzen Briefes?

Paulus endet mit dem Aufruf an die Galater, »sich nach diesem Maßstab zu richten«, d. h. nach dem Evangelium vom gekreuzigten Christus zu leben.

11. Welche vier Dinge bringt solch ein Leben hervor (V. 16–18)?

Warum sind diese Dinge eine Folge davon, dass wir Jesus lieben und für ihn leben?

→ ***Ab in die Praxis***

12. Wie würdest du den Galaterbrief in einem Satz zusammenfassen?

Wo macht der Galaterbrief dir Mut? Wo fordert er dich heraus?

Ganz persönlich

»Es sei aber fern von mir, mich zu rühmen als allein des Kreuzes unseres Herrn Jesus Christus« (V. 14).

Ist der Tod Jesu am Kreuz das Einzige, worauf du dich bezüglich deiner Position vor Gott verlässt?

»durch den mir die Welt gekreuzigt ist und ich der Welt« (V. 14).

Kannst du ehrlich behaupten, dass es in der Welt nichts gibt, was du haben MUSST? Genießt du die guten Dinge in deinem Leben oder machst du sie zu Götzen, die dich nur ängstlich und unzufrieden machen?

Zum Beten

Benutze als Grundlage für die jetzt folgenden Gebete deine Antworten auf die Fragen 5 und 12.

ARBEITSHILFE FÜR GRUPPENLEITER

EINLEITUNG

Einen Bibelkreis zu leiten, kann so ähnlich sein, wie einen Sack Flöhe zu hüten; jeder der Teilnehmer hat seine eigenen Vorstellungen über die Aussage des Abschnitts, den man gerade studiert, und seine eigenen Fragen. Aber ein guter Gruppenleiter ist mehr als ein »Schiedsrichter«, der dafür sorgt, dass alles in geordneten Bahnen verläuft. Als Leiter eines Bibelkreises musst du:

- den Bibeltext richtig verstehen und richtig mit ihm umgehen. Aber du musst auch …
- die Teilnehmer der Gruppe ermutigen und anleiten, dies selbst zu tun. Mache nicht den Fehler, den anderen alles vorzukauen und einfach die Informationen aus dem Arbeitsheft an den Mann/die Frau zu bringen. Und …
- sorge weiter dafür, dass am Ende der Bibelstunde jeder Teilnehmer begriffen hat, was der besprochene Abschnitt für ihn persönlich bedeutet. Wo müssen wir, im Lichte dessen, was wir da gelernt haben, unser Leben ändern? Und schließlich …
- ermutige die Gruppe, das, was sie da gelernt und besprochen hat, zu einem Gebet zu machen.

Deinen Bibelkreis gibt es nur ein Mal, und du als Leiter wirst besser als jeder andere die Fähigkeiten, den Hintergrund und die Lebenssituation der Teilnehmer kennen. Wir haben daher in diese Arbeitshefte jeweils mehrere Optionen und Extras eingebaut. Wenn deine Gruppe von der eher stillen Sorte ist, wirst du vielleicht mehr

Zeit mit dem *Einstieg* verbringen wollen. Wenn eure Zeit begrenzt ist, kannst du *Tiefer schürfen* überspringen bzw. die Teilnehmer bitten, diese Fragen zu Hause selbst durchzugehen. Oder können deine Leute die Bibel gar nicht genug studieren? Nun, in einigen Kapiteln gibt es optionale Extra-Projekte und Hausaufgaben, die du je nachdem, was deine Gruppe braucht, auswählen und adaptieren kannst.

Was kannst du von dieser Arbeitshilfe für Gruppenleiter erwarten? In erster Linie wird es dir helfen, die Kernaussagen in dem behandelten Bibelabschnitt besser zu verstehen und auf den Alltag der Teilnehmer anzuwenden. Neben Hilfen zu den Fragen gibt es für jeden Abschnitt die folgenden wichtigen Punkte:

THEMA

Ein oder zwei Schlüsselsätze nennen dir das Kernthema deiner Bibelstunde, und wenn die Teilnehmer wieder nach Hause gehen, sollten sie dieses Thema verstanden haben. Es ist auch der Orientierungspunkt, zu dem du die Diskussion zurückführen musst, wenn sie auf Abwege gerät.

ÜBERBLICK

Ein Überblick über den Abschnitt, mit zahlreichen nützlichen Hintergrundinformationen versehen.

EXTRA

Meist ist dies ein kleines Projekt zu Beginn der Bibelstunde. Es führt zum Thema hin und soll »das Eis brechen«. Es kann aber auch eine »Hausaufgabe« sein, die die Teilnehmer bis zum nächsten Mal erledigen.

Schauen wir uns jetzt die verschiedenen Abschnitte einer typischen Bibelstunde an:

↳ *Einstieg*

Jede Zusammenkunft beginnt mit einer Einstiegsfrage, die an die Ansichten bzw. Erfahrungen der Teilnehmer anknüpft. Sie soll zum Reden ermutigen und allgemein zu dem Thema der Bibelstunde hinführen.

↓ *Was steht da?*

Als Erstes müssen du und deine Gruppe ermitteln, worum es in dem Bibeltext überhaupt geht. Das ist der Sinn dieser Fragen. Aber aufgepasst – die Teilnehmer können Antworten geben, die in ihren persönlichen Erfahrungen gründen oder in einer Predigt, die sie einmal gehört haben, ohne überhaupt auf den Bibeltext Bezug zu nehmen. Es ist erstaunlich, wie oft man eine Bibelstunde hinter sich bringt, ohne richtig in den Text geschaut zu haben! Wenn die Antwort nicht kommen will, bietet dir diese Arbeitshilfe Anregungen in Form von Fragen, die zu den richtigen Antworten hinführen sollen. Diese Informationen sind nicht dazu gedacht, sie der Gruppe vorzulesen; diese sollte die Antworten normalerweise selbstständig anhand des Bibeltextes entdecken. Manchmal gibt es zusätzliche Fragen zur Vertiefung (siehe die ↻-Abschnitte), die dir zusätzliche Hilfen bieten, die Gruppe zu der Antwort hinzuführen.

↓↓ *Tiefer schürfen*

Diese Fragen führen meist zu anderen Bibelstellen hin, die für den Text erhellend sind. Sie können der Gruppe helfen, zu sehen, wie der Bibelabschnitt in den Gesamtzusammenhang der Bibel passt. Diese Fragen sind OPTIONAL; benutze sie nur, wenn ihr Zeit dafür habt. Es ist besser, wenn die Bibelstunde pünktlich beendet wird und alle einen wichtigen Punkt aus dem Bibeltext wirklich begriffen haben, als wenn man versucht, alles, was geht, in die Stunde hineinzuquetschen.

→ *Ab in die Praxis*

Wir möchten dir Mut machen, mehr Zeit in die praktische Anwendung des Gelernten zu investieren; nur zu oft ist dieser Punkt ein bloßes kurzes Anhängsel. In diesem Arbeitsheft wechseln

Textauslegung und Praxis bewusst ab. Die Herausgeber hoffen, dass die Benutzer begreifen, dass die praktische Umsetzung nicht ein nettes Extra ist, sondern im Grunde der eigentliche Zweck des ganzen Bibelstudiums. Wir lesen Gottes Wort, damit das, was wir dort hören, unser Leben verändern kann. Lässt man den Praxis-Teil weg, hat das Bibelstudium seinen Zweck verfehlt.

In den Praxis-Fragen geht es um ganz praktische Lektionen, die wir dem Bibelabschnitt entnehmen können. Hier könnt ihr das bisher Gelernte Revue passieren lassen und darüber nachdenken, was für Folgen es ganz praktisch für eure Gemeinde und euer persönliches Leben haben sollte. Die Teilnehmer bekommen eine Gelegenheit, sich darüber auszutauschen, was jeder persönlich gelernt hat.

Ganz persönlich

Diese Fragen können die Teilnehmer zu Hause durchgehen, aber es lohnt sich, in die Bibelstunde einige Augenblicke der Stille einzubauen, in denen die Teilnehmer darüber nachdenken und beten können, was sich in ihrem Leben konkret ändern muss. Und warum nicht zu Beginn der nächsten Bibelstunde ein paar Feedback-Minuten einbauen, in denen die Teilnehmer berichten können, was sich bei ihnen geändert hat? So können sie einander Mut machen, der Praxis mehr Priorität einzuräumen.

↑ *Zum Beten*

In Apostelgeschichte 4,24–30 zitieren die ersten Christen, als sie um Gottes Eingreifen gegen die Verfolgung der Apostel durch die jüdische Obrigkeit bitten, aus dem 2. Psalm. Heute ist es weniger üblich, dass Christen ihre Gebete auf den Wahrheiten des Wortes Gottes aufbauen; das Ergebnis sind matte, oberflächliche Gebete, in denen das Ich des Beters im Mittelpunkt steht, und keine kraftvollen, visionären Gebete, die um Gott kreisen.

Der Gebetsabschnitt basiert jeweils auf dem, was die Gruppe aus dem Bibeltext gelernt hat. Wie viel anders würden viele Gebete und Gebetskreise aussehen, wenn wir in ihnen von Herzen auf das antworten würden, was Gott uns durch sein Wort gesagt hat?

GALATER 1,1–9

1. WELCHES EVANGELIUM?

THEMA

Das biblische Evangelium von Jesus Christus bringt uns Frieden und Gott die Ehre. Jede Veränderung stellt es auf den Kopf, und wir sollten jeden warnen, der es durch irgendetwas ergänzen will.

ÜBERBLICK

Was an der Briefeinleitung auffällt, ist Paulus' innere Verfassung. Die ersten neun Verse sind ein geradezu leidenschaftlicher Appell. Er richtet sich gegen gewisse Lehrer, die heidenchristlichen Konvertiten einredeten, dass sie, um Gott wohlgefällig zu sein, das ganze jüdische Zeremonialgesetz einhalten mussten.

Die Galater haben womöglich nicht gemerkt, wie ganz anders diese Lehre war als das, was Paulus ihnen gepredigt hatte. Aber Paulus stellt ohne Wenn und Aber klar: *Das ist das absolute Gegenteil von dem, was ich euch gelehrt habe!*

Warum das? Weil jede Veränderung des Evangeliums dieses auf den Kopf stellt, sodass es kein Evangelium mehr ist. Das Evangelium handelt von Gottes Gnade, der seinen Sohn sandte und uns zum Glauben an ihn aufruft. Gott *hat* uns erlöst, und das nicht wegen unserer Leistungen, sondern obwohl wir keine Leistungen vorzuweisen haben. Das biblische Evangelium besagt: *Gott hat uns angenommen, und deshalb folgen wir ihm nach.* Jede Veränderung dieser Tatsache führt zu der Formel: *Wir müssen etwas leisten, damit Gott uns annimmt.*

Worauf die falschen Lehrer aus waren, war nicht eine »Verbesserung« des Evangeliums, sondern seine Pervertierung. Paulus reagiert darauf mit entsetztem Zorn – auf die falschen Lehrer und auf die Christen, die Gott verlassen, um diesem Pseudo-Evangelium zu folgen.

Die Wahrheit des Evangeliums ist ungeheuer wichtig, denn das Evangelium von Christus, der für unsere Sünden starb und auferstand, um zu herrschen, bringt uns Gnade und Frieden von Gott und Gott selbst die Ehre (weil allein er unsere Erlösung bewirkt). Wie Paulus, sollten auch wir dieses Evangelium lieben, das das Evangelium der Apostel, ja der ganzen Bibel ist. Und wie er, müssen auch wir jede Lehre, die dieses Evangelium verdreht und die Menschen Gott untreu werden lässt, entschieden ablehnen.

EXTRA

Versucht als »Eisbrecher« folgendes Spiel: Du nennst ein Wort (z. B. »Tag«), und die Gruppe muss so schnell wie möglich das Gegenteil dieses Wortes finden (hier: »Nacht«). Nehme auch Wörter, die mehr als ein Gegenteil haben (z. B. «tief« vs. »hoch«, »flach«, »oberflächlich«; »einfach« vs. »schwer«, »kompliziert« usw.). Vergleiche hierzu die Fragen 6 und 7: *Jede* Veränderung des Evangeliums pervertiert es und macht es zum Gegenteil des *wahren* Evangeliums.

ZU DEN FRAGEN

1. **Welche Dinge überraschen bzw. enttäuschen dich?** In diesen Versen sehen wir, was Paulus so verwundert und zornig macht (vgl. Frage 2). Mit dieser Frage beginnt der rote Faden im Galaterbrief. Lass auch nicht ganz ernstgemeinte Antworten zu. Vielleicht kommt ihr am Schluss wieder auf diese Frage zurück. Vergleicht auch Frage 11 und das zweite »Ganz persönlich« auf S. 17 des Arbeitsheftes.

2. **In was für einer inneren Verfassung ist Paulus zu Beginn seines Briefes?**
   - Überrascht und perplex (V. 6a). Was da in den Gemeinden in Galatien vorgeht, scheint ihm sehr nahezugehen.
   - Zornig. Er nimmt kein Blatt vor den Mund (besonders in V. 8–9); er verurteilt Menschen mit deutlichen Worten.
   - **Welche Gründe nennen diese Verse für seine innere Verfassung?**
   - Verse 6–7a: Diese Gemeindeglieder haben sich im Handumdrehen von der Erkenntnis des wahren Gottes abgewandt (V. 6) und glauben an ein Evangelium, das gar keines ist (V. 7). Sie kehren Gott persönlich den Rücken zu.
   - Vers 7b: Es gibt »einige«, die »das Evangelium Christi verkehren« wollen (mehr dazu in Frage 7). Ein zweiter, mehr indirekter Grund für Paulus' Zorn ist, dass die Galater den Gott, der sie berufen hat, verlassen (V. 6b).

3. **Wie beschreibt Paulus sich in Vers 1?** Als Apostel. Das griech. *apostolos* bedeutet »gesandt«. **Was sagt dieser Vers darüber aus, was er mit diesem Wort meint?** »Nicht von Menschen, auch nicht durch einen Menschen« zeigt die Einzigartigkeit der Apostel. Sie sind nicht von Menschen ausgesandt, sondern »durch Jesus Christus und Gott, den Vater«. Paulus wurde von dem auferstandenen Jesus selbst berufen und unterwiesen (vgl. Apg 9,1–19). Der, der Paulus ausgesandt hat, ist derselbe, der Jesus von den Toten auferweckte.

↻ ***Zusätzliche Frage***

- **Was bedeutet die Tatsache, dass ein Apostel diesen Brief schrieb, für die Art, wie wir ihn lesen?** Dieser Brief hat Gottes Autorität. Er gibt nicht die Gedanken eines (gern weisen) christlichen Lehrers wieder, sondern die Gedanken Gottes (Vater und Sohn) selbst, die dieser uns durch einen seiner erwählten Apostel offenbart.

↓↓ ***Tiefer schürfen***

Lest Römer 1,8–10; 1. Korinther 1,4–7; Epheser 1,15–17; Philipper 1,3–8; Kolosser 1,3–6.

Hinweis: Um Zeit zu sparen, teile die Gruppe in Zweiergruppen auf, denen du je eine oder zwei dieser Bibelstellen nennst, mit der Aufgabe, ihr Hauptthema zu formulieren.

Was haben diese Stellen gemeinsam, was am Anfang des Galaterbriefes fehlt? Paulus dankt für den Glauben und Lebenswandel der Christen, an die er schreibt.

Was wollte Paulus dadurch, dass er diesen Dank wegließ, bei den Galatern erreichen? Wahrscheinlich, dass sie den Ernst der Lage erkannten sowie die Gefahr, in der sie standen. Er wollte sie wachrütteln.

Was bedeutet das für die Art, wie wir den Galaterbrief lesen? Dieser Brief ist kein Spaziergang! Aber wir müssen seine Botschaft hören – und dringend etwas tun und uns ändern, falls wir dabei sind, die gleichen Fehler zu begehen wie die Galater.

---

4. **Die Verse 1–5 enthalten den Kern von Paulus' Botschaft. Was ist nach diesen Versen »das Evangelium«?** Es kann sein, dass deine Gruppe die folgenden Punkte in einer anderen Reihenfolge nennt.
   - Wir sind verloren und brauchen einen Retter (V. 4). Die Menschen sind hilflos und können sich nicht selbst helfen.
   - Wir müssen errettet werden »von dieser gegenwärtigen, bösen Welt« (V. 4). Wir leben in einer Welt, die sich im Aufstand gegen ihren Schöpfer befindet, der sie zu recht bestrafen wird.
   - Jesus kam, um uns vor dieser Strafe zu retten (V. 4). Er opferte sich stellvertretend für uns (V. 4a: »der sich selbst für unsre Sünden dahingegeben hat«). Das Wort »für« bedeutet »an unserer Stelle«. Wenn Jesus unser Erlöser wird, werden wir absolut frei von jeder Strafe und Verurteilung.
   - Gott hat Jesus von den Toten auferweckt (V. 1) und damit gezeigt, dass er Christi Versöhnungstat für uns angenommen hat und dass Jesus der »Christus« ist (V. 1) – Gottes von ihm selbst eingesetzter, ewiger, allmächtiger König.
   - **Warum bringt das Evangelium den Menschen »Gnade … und Friede von Gott« (V. 3)?** Gnade ist unverdiente Gunst. Das Evangelium handelt davon, dass Gott durch seinen Sohn »Ja« zu uns sagt. Das ist eine Friedensbotschaft. Durch Jesu Tod und Auferstehung können wir für immer Frieden mit unserem Schöpfer haben, aber auch Frieden mit uns selbst (weil jetzt Gottes Sohn unser Leben bestimmt, wozu wir erschaffen sind) und Frieden mit anderen Menschen, die auch so leben.
   - **Wem gebührt die Ehre für das Evangelium? Warum ist das angemessen?** Allein Gott (V. 5), und das ist richtig so, weil unsere Erlösung *Gottes*

Plan war, den er durch seinen Sohn ausgeführt hat. Wir haben die Erlösung nicht verlangt und nicht verdient, wir haben sie nicht einmal verstanden oder auf sie geantwortet (vgl. V. 15–16, die wir uns in der zweiten Bibelstunde anschauen werden).

5. → ***Ab in die Praxis:*** **Vers 5 ist die Motivation für alles, was Paulus tut. Inwieweit ist das eine Herausforderung für uns?** Oft leben wir (selbst als Christen) eigentlich für uns selbst. Wenn wir nicht mit Jesus gehen, dann deswegen, weil unsere eigene Ehre uns wichtiger ist als die Gottes. Und wer mit Jesus geht, tut das womöglich aus den falschen Motiven – für sich selbst und nicht für Jesus. Man kann Gott dienen oder das Evangelium weitergeben, um von den Menschen beachtet zu werden oder Erfolgserlebnisse zu haben, und nicht, um Gott zu ehren. Frage die Teilnehmer, was bei ihnen anders würde, wenn sie die ganze Ehre Gott geben würden. Und was sie an Richtigem tun, aber aus den falschen Motiven. Seid dabei so konkret wie möglich!

6. **Lest Galater 3,1–5. Wie haben die falschen Lehrer in Galatien die Botschaft des Evangeliums verändert?** Sie haben behauptet, dass man als Christ an das Evangelium von Christus glauben *und* das alttestamentliche Gesetz befolgen muss, um den Heiligen Geist zu bekommen (V. 2), gerettet zu werden (V. 3) und Gottes Kraft und Segen zu erhalten (V. 5).

   Sie sagten nicht: *Ihr braucht Jesus nicht, um in den Himmel zu kommen; ein anständiges Leben genügt.* Sondern: *Klar braucht man Jesus, um erlöst zu werden, aber wenn ihr wirklich ganz von Gott angenommen werden wollt, reicht das nicht; als Christen müsst ihr alle kulturellen und religiösen Gebräuche übernehmen, die Mose gelehrt hat.*

7. **Wie beurteilt Paulus Veränderungen an der Botschaft des Evangeliums (1,6–7)?** Sie »verkehren« das Evangelium. Das griechische Wort bedeutet »umdrehen« oder »pervertieren«. Wer, wo es um unsere Erlösung Gott geht, irgendetwas zu Christus

hinzufügt (z. B., dass man seine Gnade braucht, plus noch etwas anderes), der verliert das Evangelium. Ein auch nur leicht »aufgebessertes« Evangelium ist keines mehr (1,7).

- **Was meint ihr – warum ist das so?** Das Wort »verkehren« ist erhellend. In Vers 6 erinnert Paulus diese Christen daran, dass Gott »euch berufen hat in die Gnade Christi«. *Gott* hat *sie* berufen, und nicht umgekehrt. Dies ist die Reihenfolge des echten Evangeliums: Gott nimmt uns an, und dann folgen wir ihm nach. In anderen Religionen ist es genau umgekehrt: Wir müssen Gott erst etwas geben (z. B. Gehorsam, Gebote halten, Rituale), und dann nimmt er uns an. Jede Veränderung des wahren Evangeliums macht aus »Das hat Gott für mich getan« ein »Das tue ich für Gott« – eine totale Umkehrung des Evangeliums.

---

8. **Wie steht Paulus zu denen, die das Evangelium »verkehren« (V. 8–9)?** Er sagt: »der sei verflucht.« Gott wird diese Menschen verwerfen, und die Kirche muss sie auch verwerfen.

Zusätzliche Fragen

- **Wen meint Paulus in Vers 8? Was tun diese Leute in diesem hypothetischen Beispiel? Was will er uns damit sagen?** Er meint sich selbst und sein Missions-Team bzw. einen Engel. Es geht um die Predigt eines anderen Evangeliums als das, das Paulus den Galatern gebracht hat. Selbst wenn ein Apostel oder Himmelsbote das biblische Evangelium der Gnade verändern sollte, müssen wir dieses falsche Evangelium und den, der es uns bringt, ablehnen.
- **Was ist also das echte Evangelium, was bringt es uns und was bringt es Gott? Findet ihr, dass Paulus' deutliche Worte berechtigt sind? Warum bzw. warum nicht?** Das Evangelium, das

Gott durch seine Apostel verkündet hat, ist wahr, es bringt uns Gottes ewige Gnade und Frieden und Gott die Ehre (V. 3–5). Somit ist jedes verkehrte »Evangelium« das genaue Gegenteil: Es ist falsch, liefert uns Gottes Gericht aus und nimmt Gott die Ehre (die ja jetzt an unser Bemühen geht). Paulus hat also vollkommen recht mit seiner Verurteilung derjenigen, die die Menschen dazu bringen wollen, das Evangelium und den Frieden, den es bringt, zu verlassen und wieder aus eigener Kraft vor Gott bestehen zu wollen.

---

9. **Wann haben die Galater das wahre »Evangelium Christi« gehört (V. 8)? Inwiefern zeigt Vers 1 uns, dass dieses Evangelium das wahre ist?** Das wahre Evangelium ist das, das »wir ... euch gepredigt haben« (V. 8), also das apostolische Evangelium, das wir in der Bibel finden. Wenn wir der Botschaft des Paulus glauben, vertrauen wir letztlich nicht Paulus selbst, sondern dem, der ihn gesandt hat (V. 1). Gott der Vater hat ihn berufen, Gott der Sohn ist ihm erschienen (Apg 9,3–6). Paulus' Evangelium ist Gottes Evangelium.

---

10. → ***Ab in die Praxis:*** **Welche Hinzufügungen zur Botschaft des Evangeliums gibt es heute?** Lass die Teilnehmer erzählen, wie das in ihrer Gesellschaft, ihrer Kirche oder ihren Herzen geschieht. Mache klar, dass Paulus jegliche Lehren verurteilt, die nicht darin gründen, dass:
    - wir zu sündig sind, um einen Beitrag zu unserer Erlösung zu leisten (wir brauchen eine komplette Erlösung).
    - wir also ALLEIN durch den Glauben an das, was Jesus getan hat (also die Gnade Christi) erlöst werden.

    Lass die Teilnehmer darüber nachdenken, welche Veränderungen des Evangeliums, die sich in ihre Gemeinde einschleichen könnten, am schwierigsten zu durchschauen und somit am gefährlichsten wären. Hier vier aktuelle Beispiele für die Leugnung einer oder beider der gerade genannten Grundwahrheiten:

(1) Ich werde dadurch erlöst, dass ich »mein Leben Jesus übergebe«. Hier werden die Gefühle, die mein Glaube erzeugt (und die ich ja nicht verlieren darf) zu meinem Heiland, und nicht der Gegenstand meines Glaubens (Christus selbst).

(2) Ich werde durch den richtigen Katechismus erlöst. Was mich rettet, ist die intellektuelle Korrektheit.

(3) Es ist nicht so wichtig, was ich glaube, solange ich ein anständiger Mensch bin. Klingt tolerant, aber verneint die Gnade. Die Lehre lautet, dass ich mich selbst erlösen kann (was nicht demütig ist) – und dass es keine Hoffnung für »die Bösen« gibt (was ausgrenzend ist).

(4) Ich werde durch bestimmte Rituale oder Lebensstile erlöst. Manche Gemeinden haben so starre Regeln bezüglich Kleidung, Geld, Freizeit etc., dass diese Dinge ein Teil der Definition eines »echten Christen« werden.

---

11. → *Ab in die Praxis:* **Warum reagieren wir auf falsche Evangelien manchmal nicht so wie Paulus?** Paulus zeigt uns die richtige Reaktion: Staunen, Besorgnis, Zorn. Er nahm sich die Zeit, seine Gemeindeglieder schriftlich an das wahre Evangelium zu erinnern und vor Pseudo-Evangelien zu warnen.
Es gibt viele Gründe, warum wir nicht so reagieren. Lass die Gruppe kreativ darüber nachdenken. Hier zwei mögliche (und unbequeme!) Antworten:
    - *Selbstzufriedenheit:* Wir beachten falsche Evangelien nicht oder halten sie nicht für so wichtig.
    - *Egoismus:* Wir wollen nicht als intolerant oder unbequem gelten, also halten wir den Mund.

---

12. → *Ab in die Praxis:* **Warum ist das echte Evangelium wunderbar?** Das ist ein positiver Ausklang der Bibelstunde. Das Beste, was wir für uns tun können, ist, Gottes Gnadenevangelium tief in unser Herz hineinzulassen, es zu lieben, Gott für es zu danken und es einander groß zu machen. Das echte Evangelium

handelt ganz davon, was Gott für uns getan hat – wie sein Sohn an unserer Stelle starb, um uns und die Welt von der Sünde und dem Gericht zu erlösen, und wie Gott ihn auferweckte, um zu demonstrieren, dass er der Messias ist und dass er sein Opfer angenommen hat. Und so bringt das echte Evangelium denen, die es glauben, Gnade und Frieden, sowie dem Ehre, der sie verdient hat – Gott. Dies ist wahrlich ein wunderbares Evangelium!

GALATER 1,10–2,10

2. EINHEIT DURCH DAS EVANGELIUM

THEMA

Das Evangelium der Gnade erlöst uns, verändert uns und macht uns eins.

ÜBERBLICK

In diesem Abschnitt stellt Paulus uns die Gnade Gottes vor, der ihn persönlich bekehrt hat, sowie die Einheit des Volkes Gottes, das sich um die Wahrheit des Evangeliums schart.

Paulus beschreibt den religiösen Stolz und den Hass auf Jesus, die ihn vor seiner Bekehrung erfüllten (1,13–14). Trotzdem hat Christus ihn nicht nur erlöst, sondern zum Prediger des Glaubens und zum Leiter der Gemeinde berufen. Doch mehr noch: Paulus sieht, wie Gott schon vor seiner Bekehrung in ihm wirkte (V. 15).

Paulus weist drei Behauptungen zurück: dass er seine Botschaft von anderen abgekupfert hat (V. 16b–19), dass er sie sich selbst ausgedacht hat (V. 14–15) und dass sie nicht dem entspricht, was die Gemeinde in Jerusalem predigt (V. 18–24).

Danach beschreibt er seinen Besuch in Jerusalem 14 Jahre später (2,1). Es geht ihm immer noch um die Echtheit seiner Botschaft von der Erlösung durch Gnade und Glauben. Titus, den er mitnahm (V. 1), war für die Leiter der Jerusalemer Gemeinde ein konkreter Testfall für die Frage, was jemanden zu einem Christen macht. Sie verlangten *nicht*, dass Titus sich beschneiden ließ (V. 3) – und machten damit deutlich, dass es für die Erlösung keine Leistungen oder Rituale braucht.

Das ist die Basis der Einheit der Kirche. Diese Einheit ist lebensnotwendig, denn sie macht das Evangelium glaubwürdig und fördert seine Verbreitung. Gemeinschaft mit Christus bedeutet Gemeinschaft mit denen, die in Christus sind (V. 9). Und: Das ist die *einzige* Basis für die Einheit der Kirche; wer ein falsches Evangelium predigt, dem muss man widerstehen (V. 5).

Diese ihn persönlich betreffenden Verse betonen Paulus' inneres Wachsen nach seiner Bekehrung – durch die persönliche Zwiesprache mit Gott (V. 17) und als Glied einer verbindlichen Gemeinschaft der Gläubigen (V. 18).

EXTRA

Bildet Zweierpaare und tauscht euch ein paar Minuten darüber aus, wie ihr zu Christus gekommen seid und wie Gott seitdem in und durch euch gewirkt hat. Tut das entweder zu Beginn der Bibelstunde *und* an ihrem Ende, um zu sehen, wie das Zeugnis des Paulus euch helfen kann, euer eigenes zu erklären, oder wartet damit bis zur Frage 4 (oder der Extrafrage nach Frage 4, die eng damit zusammenhängt).

ZU DEN FRAGEN

1. **Ist die Einheit der Christen wichtig, und warum?**
    - **Kann diese Einheit manchmal auch etwas Schlechtes sein?**

Es gibt an diesem Punkt der Bibelstunde keine falschen Antworten! Vielleicht kommt ihr bei Frage 9 auf die Antworten der Gruppe zurück und untersucht sie im Lichte dessen, was ihr in dem Abschnitt gesehen habt.

---

2. **Was sagt Paulus uns in diesem Abschnitt über:**
   - **sein Leben, bevor er Christ wurde?**
   - 1,13: Paulus hatte schreckliche Dinge getan. Er hatte die Christen verfolgt, um die Kirche zu zerstören. Er hatte an der Tötung Unschuldiger mitgewirkt (vgl. Apg 7,54–8,1). Er war voller Hass.
   - 1,14: Seit vielen Jahren versuchte Paulus, nach den jüdischen Sitten und Traditionen zu leben. Kaum einer aus seiner Generation konnte es mit seinem moralischen Eifer aufnehmen. Doch all dieser Eifer hatte ihn vor Gott nicht gerecht gemacht, dafür aber umso stolzer.
   - **seine Bekehrung zu Christus?**

Hinweis: An dieser Stelle lohnt es sich, den Bericht über Paulus' Bekehrung in Apostelgeschichte 9,1–19 zu lesen.

Gott hatte Paulus »durch seine Gnade berufen« (Gal 1,15) und seinen Sohn in ihm offenbart (V. 16). Paulus hat nicht Christus angerufen, sondern Christus ihn. Jesus ergriff die Initiative, als er ihm auf der Straße nach Damaskus erschien. Paulus hatte sich gegen Gott gewehrt – aber Gott machte aus einem Christenverfolger einen Missionar.

   - **das, was er tat, nachdem er Christ geworden war?**
   - Vers 16: Gott offenbarte Paulus Jesus, »damit ich ihn durchs Evangelium verkündigen sollte«. Als Paulus dem lebendigen Christus begegnete, war ihm sofort klar, dass er dazu berufen war, den Menschen zu zeigen, wer Jesus war.
   - Vers 17: Paulus suchte das Angesicht Gottes. Anstatt nach Jerusalem zu gehen, um dort von den anderen Aposteln zu lernen, ging er nach Arabien,

wo Gott ihm wahrscheinlich viel von dem zeigte, was er später predigte.
- Vers 18: Danach begab er sich zu der Gemeinde in Jerusalem.

---

3. **Was für ein Mensch war Paulus, bevor er Christ wurde? Was ist an den Versen 15–16a so erstaunlich und wunderbar?** Wir finden auf kleinem Raum mehrere inhaltsschwere Sätze. Lass die Teilnehmer über jeden von ihnen nachdenken:
   - »Gott ..., der mich von meiner Mutter Leib an ausgesondert ... hat«: Gottes souveräne Gnade war bereits lange vor Paulus' Bekehrung am Werk. Gott hatte ihn von langer Hand auf seine Berufung vorbereitet; er benutzte sogar seine Fehler und Schwächen, um ihn zu bekehren (Paulus war unterwegs, um die nächsten Christen zu verhaften) und zum Heidenmissionar zu machen (Apg 9,15). Gott wirkt bereits in seinen Dienern, bevor sie merken, dass sie seine Diener sind!
   - »und durch seine Gnade berufen hat«: Paulus war voller Stolz und Hass gewesen. Er war ein großer Sünder, aber Gott liebte und berief ihn. Paulus ist das Musterbeispiel dafür, dass wir rein aus Gnade erlöst sind und nicht aufgrund unserer moralischen oder religiösen Leistungen. Selbst ein Paulus war für Gott kein hoffnungsloser Fall.
   - »dass er seinen Sohn offenbarte in mir«: Warum erwählte und berief Gott Paulus (oder sonst einen Menschen)? Nicht, weil wir ihm gefallen, sondern weil es ihm gefällt, uns zu berufen.

---

4. **Auf welche Behauptungen über sich scheint Paulus in diesen Versen zu antworten?**
   - Dass seine Botschaft von anderen kam, insbesondere von den christlichen Führern in Jerusalem. Aber: »Da besprach ich mich nicht erst mit

Fleisch und Blut, ging auch nicht hinauf nach Jerusalem« (V. 16–17). Paulus' Evangelium ist keine menschliche Botschaft in neuen Kleidern.
- Dass er durch eigenes Überlegen zur Wahrheit gekommen war. Er hatte vielmehr die Christen »über die Maßen« verfolgt (V. 13)!
- Dass seine Botschaft eine andere als die der übrigen Kirche allgemein war. In Jerusalem und Judäa hatte man sein Evangelium geprüft und für echt befunden (V. 18–19 u. 22–23), ja, »sie priesen Gott um meinetwillen« (V. 24).

Zusätzliche Fragen
- **Warum gibt Paulus sein Zeugnis?** Um die Menschen von der Wahrheit des Evangeliums zu überzeugen. Er will seinen Lesern nicht sich selbst, sondern Christus großmachen und ihnen zeigen, wie gnädig Gott ist.
- **Wie kann uns das zeigen, warum, wann und wie wir selbst anderen unser Zeugnis geben können?** Wir müssen unseren Glauben bezeugen, weil es beim Glauben nicht nur um unser Wissen geht, sondern auch um unser Herz und wie wir Gottes Liebe persönlich erfahren. Aber wir sollten unser Zeugnis nur dort geben, wo es nützlich für unsere Mitmenschen ist. Es sollte sie zum Evangelium führen und nicht über unseren früheren Lebenswandel und unsere Veränderung staunen lassen.

---

5. **Wie zeigt sich laut Vers 10, dass ein Leben vom Evangelium verändert worden ist?** Man will nicht mehr »Menschen gefällig sein«. Paulus dient jetzt Christus und möchte Gott gefallen; was die Menschen von ihm denken, ist zweitrangig. Der Christ kann nicht zwei Herren dienen; wer vom Evangelium gepackt ist, sucht *Gottes* »Ja« und nicht das der Menschen.

6. → ***Ab in die Praxis:*** **Wann fällt es uns schwer, Gott und nicht den Menschen zu gefallen? Warum ist das so?** Es fällt uns in allen möglichen Situationen schwer! Lass die Gruppe über ihre persönlichen Erfahrungen auf diesem Gebiet nachdenken. Vielleicht weist du sie auf die folgenden drei biblischen Beispiele hin:
   - *1. Samuel 15,24:* König Saul war Gott ungehorsam, weil er Angst vor der öffentlichen Meinung hatte.
   - *Richter 16,15–21; 1. Könige 11,1–6:* Simson und Salomo waren ihre Frauen wichtiger als Gott.
   - *Epheser 6,5–8:* Es ist falsch, als Arbeitnehmer seinem Chef nur zu dienen, wenn er hinschaut, anstatt seine Arbeit für Christus zu tun.
   - **Wie kann das Nachdenken über das Evangelium, das Paulus und uns erlöst hat, frei machen von dem Zwang, Menschen zu gefallen?** Das Evangelium versichert uns, dass *Gott* für uns ist und uns liebt (vielleicht lest ihr jetzt schon Galater 3,26–27: Gott sieht uns so, wie er seinen Sohn Jesus sieht). Damit sind wir nicht mehr von der Liebe und Anerkennung unserer Mitmenschen abhängig, denn unsere Identität und unser Wert beruhen auf unserer Beziehung zu dem Gott der Gnade. Weil Gott uns angenommen hat, können wir ein Leben führen, das ihm Freude macht. Wenn andere uns kritisieren oder ablehnen (wie es Paulus passierte), ändert das nichts an unserer Selbstwahrnehmung und dem Sinn unseres Lebens. Wir *wissen*, dass Gott uns liebt, »Ja« zu uns sagt und sich freut, wenn wir auf seinen Wegen gehen.

---

7. **Warum war die Entscheidung der Jerusalemer Gemeindeleiter bezüglich Titus (2,3) so wichtig?** Titus war ein Testfall. Er war ein Grieche, also ein Nichtjude und nicht beschnitten. Die Leiter der Jerusalemer Gemeinde verlangten nicht, dass er sich beschneiden ließ, bevor sie ihn als Mitchristen aufnahmen. Damit demonstrierten sie öffentlich, dass das Evangelium des

Paulus auch das ihre war: Allein der Glaube an Christus (und nicht irgendwelche Rituale oder Werke) ist nötig, um erlöst zu werden.

- **Was hätte es für »die Wahrheit des Evangeliums« (V. 5) bedeutet, wenn die Leiter in Jerusalem umgekehrt entschieden und es mit den »falschen Brüdern« gehalten hätten?** Es wäre zur Spaltung der jungen Kirche gekommen. Die beiden Flügel hätten einander nicht als vollwertig anerkannt, und der eine hätte gelehrt, dass der Glaube an Christus der Ergänzung durch Äußerlichkeiten bedurfte.

---

8. **Was war es, das die Jerusalemer Apostel bei Paulus erkannten (2,6–9)?**
   - Seine Berufung zum Heidenmissionar (V. 7), so wie Petrus zur Missionierung der Juden berufen war.
   - Dass er ein Bruder in Christus war (V. 9). »Die rechte Hand« zeigte, dass sie sein Evangelium als dem ihren gleich anerkannten. Sie alle hatten Gemeinschaft mit Christus – und somit auch miteinander.

---

9. **Was zeigt diese Episode über die Wichtigkeit der Bemühung um die Einheit der Kirche?** Die Einheit der Kirche macht Mission möglich. Sie festigt und unterstreicht die unveränderliche Botschaft des biblischen Evangeliums. Sie entlarvt Irrlehrer, die nicht an dieser Einheit teilhaben. Dass Gott Paulus in einer Offenbarung (V. 2) befohlen hatte, nach Jerusalem zu gehen, um dort die Einheit der Gemeinde im Evangelium sichtbar zu machen, zeigt, wie wichtig es ist, die Einheit der wahrhaft an Christus Gläubigen zu suchen.
   - **Und was zeigt sie uns über die Grenzen der Einheit? (Tipp: Lest 2,4–5.)** Die Gemeinschaft mit Christus ist die einzige Basis für die Gemeinschaft

unter Christen. Mehr braucht es nicht, und weniger tut es nicht. Paulus hat den »falschen Brüdern« keinen Augenblick nachgegeben (2,4–5). Er bemüht sich sehr um die Einheit mit denen, die ebenfalls das Evangelium glauben und predigen – aber Einheit auf Kosten des Evangeliums ist nicht möglich.

↓↓ *Tiefer schürfen*

Lest 3. Mose 23,22 und 5. Mose 15,7–8. Wie sollte Gottes Volk im Land Israel die Armen in seiner Mitte behandeln? Großzügig. Es sollte ihnen Gelegenheit geben, für ihre Nahrung zu arbeiten, und sich dem Bedürftigen nicht verschließen. **Lest 1. Johannes 3,16–17; 2. Korinther 8,8–15. Wie soll Gottes Volk heute die Armen in seiner Mitte behandeln?** Wir sollten unsere Hand für unsere bedürftigen Brüder und Schwestern öffnen. Wenn Gottes Liebe wirklich in uns wohnt, werden wir bereit sein, Opfer für sie zu bringen. Die Reichen sollten ihren Reichtum großzügig mit den Armen teilen. **Was für ein Beispiel gibt uns 2. Korinther 8?** Das perfekte Beispiel ist Jesus selbst (V. 9), der in seiner Menschwerdung den Reichtum des Himmels aufgab, um unter den Armen zu wohnen, und in seinem Tod sogar sein menschliches Leben gab, um den Reichtum des Himmels mit den Seinen zu teilen.

Lest Matthäus 5,43–48; 25,31–46. Was zeigt es über uns Christen, wenn wir uns um die Armen kümmern bzw. sie links liegen lassen? Ob wir wirklich einen rettenden Glauben haben. Glaube, der rettet, zeigt sich in unserem Dienst an den Armen, Flüchtlingen, Kranken und Gefangenen.

Warum handelten die Apostel richtig, als sie dem »dass wir der Armen gedächten« (2,10) eine hohe Priorität gaben? Was sagt das euch persönlich bzw. eurer Gemeinde vor Ort? Die Fürsorge für die Armen ist in der Bibel ein roter Faden. Der Dienst der Barmherzigkeit ist für die Kirche genau so wichtig wie die Mission (Gal 2,9). Er ist Pflicht, nicht Kür.

10. → ***Ab in die Praxis:*** **Welche Freiheit gibt uns das biblische Evangelium, die es in Religionen vom Typ »Du musst dir deine Erlösung erarbeiten« nicht gibt?** Lass die Teilnehmer ihre eigenen Ideen sammeln. Vielleicht konzentriert ihr euch auf die folgenden beiden Bereiche:
    - *Kultur:* Hätten die falschen Lehrer sich durchgesetzt, hätte ein Italiener oder Afrikaner nicht Christ werden können, ohne zuerst kulturell ein Jude zu werden. Das Evangelium gibt uns die Freiheit, wir selbst zu sein und unsere kulturelle und ethnische Identität zu behalten.
    - *Gefühle:* Wer glaubt, dass unsere Gottesbeziehung von unserem moralischen Wohlverhalten abhängt, befindet sich in einer endlosen Tretmühle der Schuldgefühle und Verunsicherung. Das Evangelium befreit uns von der Vorstellung, dass wir durch das Halten von Geboten erlöst werden. Christen gehorchen nicht aus Angst, sondern aus Dankbarkeit dafür, dass sie in Christus bereits erlöst *sind*.

11. → ***Ab in die Praxis:*** **Dieser Abschnitt zeigt uns einiges darüber, wie uns das Kennen und Lieben des wahren Evangeliums verändert. Wie könnte das in eurem persönlichen Leben und in dem Leben eurer Gemeinde aussehen?** Lass die Gruppe konkrete Beispiele für die folgenden Veränderungen finden.
    - **Galater 1,10:** Gott, und nicht Menschen, gefallen wollen.
    - **1,24:** Gott für unsere eigene Bekehrung, wie auch für die Bekehrung anderer Menschen, loben und danken.
    - **2,9–10:** Andere Christen als Glaubensgeschwister anerkennen und die Gemeinschaft mit ihnen pflegen, auch dann, wenn sie andere Gaben und Berufungen haben; an die Armen in der weltweiten Kirche denken.

GALATER 2,11–21

3. DAS EVANGELIUM FÜR CHRISTEN

THEMA

Das Evangelium sagt uns, dass wir allein durch den Glauben erlöst werden; dieses Prinzip gilt es auf jedes Gebiet unseres Lebens anzuwenden.

ÜBERBLICK

Das Evangelium ist das ABC des Christenlebens; es definiert unsere Erlösung. In diesem Abschnitt, der mit einer schockierenden Auseinandersetzung zwischen zwei Aposteln beginnt, beschreibt Paulus das Evangelium als Rechtfertigung durch den Glauben, d. h. wir werden vor Gott nur durch den Glauben an Christus gerecht gesprochen, und nicht durch das Halten des Gesetzes. Dies ist die »Gnade Gottes« (V. 21): Er rettet uns trotz unserer Sünde.

Aber nicht nur die Nichtchristen brauchen das Evangelium, sondern auch die Christen. Das Evangelium ist viel mehr als eine Fahrkarte in den Himmel; es ist ein radikales Manifest für ein verändertes Leben hier und jetzt.

Und darum konfrontierte Paulus Petrus. Indem dieser sich weigerte, mit Heidenchristen zu essen, handelte er nicht »nach der Wahrheit des Evangeliums«. Sein Verhalten widersprach seiner eigentlichen Überzeugung, dass man allein durch den Glauben erlöst ist und dass das Halten des Gesetzes dem nichts hinzufügen kann. Als Christ leben bedeutet, alles in unserem Leben in Einklang mit dem Evangelium zu bringen.

Ab Vers 17 geht Paulus auf einen häufigen Einwand gegen die Lehre von der Rechtfertigung allein durch den Glauben ein: dass sie zum Sündigen verleite, weil unser Gehorsam ja nichts an unserem Status vor Gott ändert. Dieser Abschnitt enthält einige sehr schwer verständliche Sätze. Im Arbeitsheft gibt es eine kurze Erklärung von Vers 18, aber da die Verse 19–21 das Hauptgewicht von Paulus' Argumentation tragen, müssen wir Vers 18 nicht unbedingt verstehen. Was Paulus sagen will, ist, dass er, als er die Rechtfertigung vor Gott durch das Befolgen des Gesetzes suchte, eigentlich nicht für Gott lebte. Er gehorchte nur, um seine »Belohnung« von Gott zu bekommen. Aber jetzt hat er erkannt, dass er, weil Christus für ihn gestorben ist, ganz und gar von Gott angenommen ist, und damit hat er ein neues Motiv für den Gehorsam, das viel gesünder und stärker ist: Er möchte für den leben, »der mich geliebt ... und sich selbst für mich dahingegeben [hat]« (V. 20).

EXTRA

Gibt es in deiner Gemeinde jemanden, der nicht zu deinem Bibelkreis gehört und der in einer fremden Kultur aufgewachsen ist? Lade ihn in die Gruppe ein und bitte ihn, euch etwas über die Schwierigkeiten des Lebens in einer Kultur zu erzählen, die nicht die ist, in der man aufgewachsen ist, sowie über die Unterschiede im kirchlichen Leben in den beiden Kulturen. Was war an der »neuen« Kultur (besonders, was das Gemeindeleben betrifft) schwierig, und was haben die Menschen dieser Kultur getan (bzw. was hätten sie tun können), um den Übergang leichter zu machen? Kommt bei Frage 4 noch einmal darauf zurück.

ZU DEN FRAGEN

1. **Welche Menschen brauchen das Evangelium, und was haben sie davon?** Wir denken oft, dass nur die Nichtchristen das Evangelium brauchen und dass es ihnen die Erlösung bringt. Aber Paulus zeigt auf, dass auch die Christen das Evangelium brauchen und dass es ihr ganzes Leben verändert. Lass die Teilnehmer erst einmal über die Nichtchristen reden (die Antwort ist ja nicht falsch!). Falls sie nicht von selbst auch auf die Christen kommen, kannst du diese Frage im Anschluss an Frage 3 und/oder 10 noch einmal stellen.

2. **Petrus war einer der engsten Freunde von Jesus. Er hatte ihn als Lehrer, als Heiler, als Vorbild und als den Auferstandenen erlebt. Was ist überraschend an Vers 11?** Bei Petrus war etwas schiefgelaufen – so schief, dass Paulus ihn zur Rede stellen musste. Wir erleben einen Zwist zwischen zwei Aposteln!
   - **Was hatte Petrus getan, dass Paulus so reagierte (V. 12–15)?** Er aß nicht mehr mit Heidenchristen. Unter dem Druck »einige[r] von Jakobus ... sonderte [er] sich [von den Heidenchristen] ab« (V. 12). Obwohl er früher selbst »heidnisch lebte«, bestand er jetzt darauf, dass die Heidenchristen kulturell Juden wurden (V. 14). Paulus nennt dies Heuchelei (V. 13) – Petrus verlangt von den Heidenchristen mehr als von sich selbst! Die kulturelle Prägung ist ihm wichtiger geworden als die Einheit im Evangelium.

3. **Wie sah Paulus das Verhalten von Petrus und Barnabas (V. 14a)?** Als »nicht richtig ... nach der Wahrheit des Evangeliums«. **Was ist daran so wichtig?** Erstens: Die Wahrheit des Evangeliums hat alle möglichen Folgen für unser Leben. Wir haben als Christen die Aufgabe, unser Leben – unser ganzes

Denken, Fühlen und Verhalten – mit dem Evangelium in Übereinstimmung zu bringen. Zweitens: Paulus verweist Petrus auf das Evangelium. Er sagt nicht einfach: *Du liegst falsch! Ändere dich!*, sondern: *Denke an das Evangelium und wende es auf diese Situation an. Gott hat dich angenommen; jetzt nimm du die anderen an.* Wir müssen bereit sein, unseren Mitmenschen zur Änderung zu helfen, indem wir ihnen helfen, das Evangelium auf ihr Leben anzuwenden.

↓↓ *Tiefer schürfen*

Lest Apostelgeschichte 11,1–18. Warum hatte Petrus angefangen, mit den Heiden zu essen? Weil er in einer Vision ein großes Tuch mit lauter nicht koscheren Tieren gesehen und eine Stimme gehört hatte, die sagte: »Schlachte und iss!« – weil das, was Gott für rein erklärt hat, nicht unrein ist (Apg 11,7.9). Ab jetzt konnte Petrus mit Menschen essen, die nicht die Speisegebote des Alten Testaments (z. B. 3 Mose 11) hielten.

Was war so wichtig an dieser Vision? Sie zeigte, dass durch Christus *alle* Christen »rein« sind, ob sie die Speisegebote halten oder nicht (Apg 11,18).

Inwiefern macht das Petrus' Verhalten in Galater 2,12 noch schlimmer? Er hatte eine Vision vom Himmel gehabt (und vorher schon Jesus zu diesem Thema gehört, Mk 7,1–23). Er hatte angefangen, mit Heiden zu essen, und dies gegenüber Kritikern mutig verteidigt (Apg 11,2–4). Doch jetzt, unter dem Druck der Judaisierer, handelte er nicht mehr nach dem, was er für richtig erkannt hatte; damit war er ein Heuchler.

---

4. → *Ab in die Praxis:* **Auf welche Weise können *wir* von anderen Christen verlangen, dass sie so leben wie wir (oder gar die Messlatte für sie höher legen als für uns selbst)?** Petrus' Verhalten war ein Fall von Gesetzlichkeit (d. h. er ergänzte Christus durch etwas anderes, um vor Gott angenehm und rein zu sein). Tauscht euch darüber aus, in welche Arten von Gesetzlichkeit wir fallen können, z. B.:

- *Nationalismus* (Petrus' Sünde). Wir erwarten, dass Christen die Normen einer bestimmten Kultur befolgen müssen, um Gott zu gefallen. Oder wir sitzen im Gottesdienst neben Menschen aus einer anderen ethnischen Gruppe, aber »essen« nicht mit ihnen (laden sie nicht ein usw.).
- *Klassendenken.* Wir verkehren nur mit Christen, die »von unserer Sorte sind«, also ebenfalls Akademiker oder Arbeiter sind, eine junge Familie haben, in derselben Branche arbeiten etc.
- *Konfessionsdenken.* Es ist sehr verführerisch, die Besonderheiten »unserer« Kirche zu betonen, um uns und anderen zu zeigen, dass sie »besser« ist.
- *Kompetenzdenken.* Christen von der begabten Sorte (es müssen gar keine Spitzenbegabungen sein!) haben womöglich Probleme damit, dass auch »kleine Lichter« zur Gemeinde gehören (und vielleicht genauso viel zu sagen haben wie sie).
- **Warum tun wir das? (Einen Grund finden wir in Vers 12.)**
- Vers 12: *Angst* vor dem, was andere denken.
- *Bequemlichkeit.* Es ist schlicht einfacher, von den anderen zu verlangen, dass sie so wie wir werden, und unser Herz und Haus nur dann für sie zu öffnen.
- *Stolz.* Wenn wir nicht im Evangelium verwurzelt sind, müssen wir unseren Wert woanders suchen – z. B. darin, dass wir »besser« als die anderen sind, die gefälligst so werden müssen wie wir.

---

5. **Woran erinnert Paulus Petrus in den Versen 15–16:**
   - **was das Befolgen von Gottes Geboten betrifft?** Es kann uns nicht vor Gott »gerecht« oder »rein« machen. (Der Kontext sind die Speisegebote im Alten Testament, die der rituellen Reinheit des Volkes Gottes dienten.) Durch die Einhaltung des Gesetzes wird niemand erlöst (V. 16).

- **was den Glauben an Jesus betrifft?** Allein der Glaube an Jesus macht gerecht; selbst rituell reine Juden (»wir«, V. 16) brauchen diesen Glauben, um wirklich rein zu werden.
- **Was zeigen uns diese Verse über die Bedeutung des Wortes »Rechtfertigung«?** Paulus führt das Prinzip der Rechtfertigung durch den Glauben in einem Disput über Speisegebote und rituelle Reinheit ein. Vor Gott »gerecht werden« ist also dasselbe wie »rein sein«. Warum dann dieser neue Begriff »gerecht«? Weil dies ein juristischer Begriff ist, dessen Gegenteil »Verurteilung« heißt. Die Rechtfertigung erinnert uns daran, dass wir Sünder sind, die ohne Christus unter einem totalen Urteil stehen. Der Glaube an Christus macht uns so gerecht, als hätten wir nie gesündigt; Gott nimmt uns trotz unserer Sünde an.

---

6. **Welchen möglichen Einwand gegen die Rechtfertigung allein durch den Glauben erwähnt Paulus in Vers 17?** Dass Christus die Sünde fördert, da wir ja auch dann gerechtfertigt sind, wenn wir weiter sündigen. **Warum ist dieser Einwand verständlich?** Weil die Rechtfertigung allein durch den Glauben zwei Motive für den Gehorsam gegenüber Gott tatsächlich wegnimmt: die Angst und das Rechnen mit einer Belohnung.

---

7. **In Vers 19 lässt Paulus durchblicken, dass er, als er versuchte, sich durch das Befolgen des Gesetzes selbst zu erlösen, nicht »für Gott leben« konnte. Was war wohl der Grund?** Weil Gehorchen, um mich selbst zu retten, egoistisch ist. Bevor er Christ wurde, war Paulus ein hochmoralischer Mensch – aber nicht für Gott, sondern für sich selbst; Paulus wollte die Belohnung haben, und nicht Gott selbst.
    - **Doch jetzt ist Paulus dem Gesetz als Mittel zur Selbsterlösung »gestorben«, weil er erkannt hat, dass nur Christus – und nicht sein eigener**

Gehorsam – ihn retten kann. Warum bedeutet das, dass er jetzt »für Gott leben« kann? Weil Paulus weiß, dass er von Gott gerechtfertigt, angenommen und geliebt ist, ist es sein größter Wunsch, sich dem hinzugeben, der »sich selbst für mich dahingegeben« hat (V. 20). Dass Gott ihn aus Gnade angenommen hat, gibt ihm eine *stärkere* Motivation, Gott zu gehorchen.

8. **Was ist laut den Versen 19–20a mit dem alten, sündigen Ich des Christen geschehen?** Es ist mit Christus gekreuzigt worden. Gott behandelt uns so, als ob *wir* am Kreuz gestorben wären und die Strafe für alle unsere Sünden bezahlt hätten. Wir schulden Gott nichts mehr; wir haben unsere Schuld in voller Höhe am Kreuz bezahlt, wo Christus sie für uns bezahlt hat. **Was sieht Gott, wenn er einen Christen anschaut?** »Ich lebe, doch nun nicht ich [der alte Paulus], sondern Christus lebt in mir.« Wenn Gott einen Christen anblickt, sieht er die Vollkommenheit und Schönheit Christi. Das »Ich« eines Christen ist in einem gewissen Sinne nicht mehr da; in Christus bin ich ein neuer Mensch geworden.
    - **Was bedeutet dies für das Leben, das man als Christ führt (V. 20)?** Wir leben »im Glauben an den Sohn Gottes, der mich geliebt hat«. Als Christ lebe ich für den und wie der, der meinen Tod gestorben ist, um mir seine Vollkommenheit zu schenken. Meine Aufgabe ist es, im Glauben an das Evangelium Christi zu leben – also an die Wahrheit, dass ich völlig geliebt bin. Mein ganzes Leben ist umgepolt auf das Evangelium hin, und dies aus Liebe zu Jesus, meinem Erlöser.

9. **Versucht, Vers 21 mit eigenen Worten wiederzugeben.** Zum Beispiel so: *In meinem Leben und bei meinen Entscheidungen will ich die Liebe, die Gott mir in Jesus erwiesen hat, nie mehr vergessen. Ich will nie mehr versuchen, mir meine Erlösung selbst zu verdienen. Wenn man durch ein moralisches Leben gerettet werden könnte, wäre Christi Tod sinnlos gewesen.*

---

10. → ***Ab in die Praxis:*** **Was ist aufgrund dieser Verse »die Wahrheit des Evangeliums«?** Dass durch den Glauben an Christus und seinen Tod für sein Volk jeder vor Gott für gerecht erklärt werden kann, sodass er nicht mehr »schuldig«, sondern »unschuldig« ist. Jeder kann in Gottes Augen rein werden. Allein durch den Glauben werden wir völlig gerecht gesprochen. Dieses Evangelium verändert unser ganzes Denken und Handeln, wenn wir es zur Richtschnur unseres Lebens machen.
    - **Wer braucht die Wahrheit des Evangeliums?** (Vergleicht noch einmal die Verse 11–14.) Jeder! Selbst die Apostel mussten lernen, ihr Denken und Verhalten vom Evangelium verändern zu lassen.
    - **Was bedeutet diese Wahrheit für unser Leben?** Alles! Die Auseinandersetzung zwischen Paulus und Petrus zeigt uns, dass wir in jedem Bereich unseres Lebens und bei jeder Entscheidung fragen müssen: *Was bedeutet es, die Prinzipien des Evangeliums der Gnade und der Rechtfertigung durch Gnade hier und jetzt auszuleben?*

---

11. → ***Ab in die Praxis:*** **In welchen Bereichen eures Lebens fällt es euch am schwersten, im Einklang mit der Wahrheit des Evangeliums zu leben?** Lass die Teilnehmer ruhig ein, zwei Minuten still darüber nachdenken, bevor sie zu reden beginnen. Du solltest ein paar Beispiele aus deinem eigenen Leben parat haben. Sprecht nicht nur über die Schwierigkeiten, sondern auch darüber, wie so ein Leben im Einklang mit dem Evangelium aussehen kann.

---

12. → ***Ab in die Praxis:*** **Wie könnt ihr einem Christen antworten, der euch das Folgende sagt:**
   - **»Jesus hat mich erlöst, und jetzt folge ich ihm nach, damit er mir weiter vergibt.«** Wenn du denkst, dass du dir Jesu Vergebung verdienen musst, dann glaubst du, dass es dir möglich ist, so zu leben, dass du dich selbst erlöst. Damit aber wäre Jesu Tod unnötig und sinnlos! Und wenn du Gott gehorchst, weil du glaubst, dass er dir dann vergibt, gehorchst du ihm nur, weil du in den Himmel kommen willst, und nicht, weil du ihn liebst und ihm Freude machen willst. Aber Jesus hat schon *alles* für dich getan; es reicht, wenn du ihn um Vergebung bittest und aus Liebe zu ihm dein Leben mit ihm führst. Die Frage ist: Ist Jesus alles für dich oder nichts? Fünfzig Prozent geht nicht.
   - **»Wenn ein anderer Autofahrer mir die Vorfahrt nimmt, werde ich jedes Mal fuchsteufelswild.«** Deine Einstellung gegenüber diesem Menschen ist von seinem Verhalten abhängig. Wenn er die gleichen Normen hat wie du, magst du ihn; wenn nicht, bist du böse auf ihn. Vergiss nicht, dass im Evangelium der vollkommene Gott unvollkommene Leute wie dich und mich mit sich versöhnt. Er hat uns unsere Sünden gegen ihn (die viel schlimmer sind als ein ungehobelter Fahrstil!) vergeben. Also: Wenn dich das nächste Mal ein anderer Autofahrer nervt, dann denke so: *Ich bin ein noch schlimmerer Fall als der da. Aber Gott liebt mich und hat mir vergeben. Ich versuche also, diesen Autofahrer trotz seines Verhaltens zu segnen, so wie Gott mich trotz meiner Sünden segnet.*
   - **»Teenager, die Christen werden, müssen lernen, lange Predigten zu mögen.«** Es tut christlichen Teens sicher gut, viel biblische Lehre zu hören. Aber sie werden durch ihren Glauben erlöst und

nicht durch ihr Verhalten! Manche Leute hören gern lange Predigten, aber andere eben nicht. Wir dürfen die Menschen nicht in ein bestimmtes kulturelles Korsett zwingen. Wir sollten ihnen Mut machen, sich solide Informationen über die Bibel zu besorgen, die sie in ihrem Christenleben weiterbringen. Aber sie müssen keine Freunde von langen Predigten sein! Wir werden durch unseren Glauben erlöst und nicht durch das Anhören von Predigten!

GALATER 3,1–25

4. DAS EVANGELIUM UND DAS GESETZ

THEMA

Der Tod Christi befreit uns dazu, für ihn zu leben und Segen statt Fluch zu erleben – in unserem inneren Leben hier, und später in der Ewigkeit.

ÜBERBLICK

Paulus führt das zentrale Thema des Galaterbriefes, das er am Ende von Kapitel 2 einführte, weiter aus: Wir werden durch das Evangelium nicht nur gerettet, wir wachsen auch durch es und leben durch es.

In diesem Abschnitt stellt Paulus das Gesetz und den Glauben einander gegenüber. Seine Botschaft ist einfach: Der Glaube an Christus rettet, das Halten des Gesetzes vermag dies nicht. Und der Glaube an Christus ist auch die Grundlage unseres Lebens als Christen; wir fangen nicht im Glauben an, um anschließend mit Werken weiterzumachen. Doch genau das versuchen die Galater, und Paulus' Diagnose ist klar: Sie sind »unverständig« und »bezaubert« (3,1).

Erlösung kam immer schon durch den Glauben an Gottes Verheißung. Um dieses Argument zu begreifen, müssen wir 1. Mose 12,1–3 verstanden haben, wo Gott Abraham, seinen Nachkommen, ja der ganzen Welt seinen Segen verheißt. Segen – das bedeutet, sich in Gottes Welt unter seiner liebevollen Herrschaft seines Lebens zu freuen. Gesegnet sein heißt erlöst sein.

Diese Verheißung des Segens ist in Christus erfüllt. Er hat den Fluch, den unser Brechen des Gesetzes bringt, weggenommen und uns den Segen gegeben, den sein Leben verdient hatte (V. 13–14). Es gibt keinen anderen Weg zum Segen; wir müssen auf Gottes Verheißung setzen und nicht auf unsere eigene Leistung.

In den Versen 15–25 erklärt Paulus die Rolle des Gesetzes. Er begegnet zwei Einwänden: (1) Wenn das Gesetz uns nicht erlösen kann, wozu brauchen wir es dann? (2) Das Gesetz Moses kam 430 Jahre *nach* der Verheißung an Abraham; hebt es diese Verheißung damit nicht auf? Nein, sagt Paulus; Erlösung beruht immer auf dem Glauben an Gottes Verheißung. Das Gesetz will uns nicht zeigen, wie wir gehorchen und damit den Segen erlangen können, sondern vielmehr, dass wir gar nicht imstande sind, zu gehorchen, und folglich einen Erlöser brauchen – Christus (V. 24–25).

Am Ende der Stunde schauen wir uns kurz die Rolle des Gesetzes im Leben des Christen an. Dieses Thema wird uns noch in späteren Abschnitten beschäftigen; versucht also noch nicht eine vollständige Antwort!

Hinweis: Die Verse 19–20 liegen im Dunkeln. Niemand weiß genau, was Paulus hier meint und wie es sich zum Rest der Argumentation verhält. Zum Glück ist dieser Rest sehr deutlich, sodass wir die Verse 19–20 nicht unbedingt verstehen müssen.

EXTRA

Veranstalte ein kleines Quiz über Gesetze in Deutschland. Die richtige Antwort ist unterstrichen.

Was ist in Helgoland verboten?
Einen Drachen steigen lassen, Rad fahren, Joggen, Rollkoffer

Was ist auf Usedom, Sylt und einigen anderen Inseln nicht erlaubt?
Strandliegen mitbringen, Sandburgen bauen, Bier trinken, Lautes Singen

Was darf man auf Brücken nicht tun?
hinunter spucken, rückwärts fahren, im Gleichschritt marschieren, Händchen halten

Unter welchen Umständen darf man ein fremdes Grundstück ohne Erlaubnis betreten?
um einen Streit auszutragen, um einen entflohenen Bienenschwarm zu verfolgen, um ein Geschenk von angemessenem Wert zu überbringen, um Fallobst aufzuheben

In welchem Bundesland stand noch bis Ende 2017 die Todesstrafe in der Landesverfassung?
Hessen, Bayern, Sachsen, Nordrhein-Westfalen

ZU DEN FRAGEN

1. **Wozu ist Gottes Gesetz da?** Eine nur scheinbar einfache Frage! Sortiere noch nicht nach »richtigen« und »falschen« Antworten. Lass die Gruppe ins Gespräch kommen und weise sie an, in Galater 3 nach einer Antwort von Paulus selbst zu suchen.

2. **Was sind die Antworten auf Paulus' Fragen in den Versen 1–5?**
   - Vers 1: Die Galater haben sich »bezaubern« lassen (NGÜ: »Bann«). Das »wer« hat Paulus bereits in Galater 1,7 beantwortet: Es sind die falschen Lehrer, die das Evangelium pervertieren.
   - Vers 2: Die Galater haben den Geist durch die Predigt des Evangeliums bekommen (vgl. V. 1). Jesus Christus (eine historische Person und Gottes verheißener, auferstandener König) wurde ihnen »vor die Augen gemalt als der Gekreuzigte«. Wir empfangen den Geist Gottes durch den Glauben an Christus (und nicht an uns selbst).
   - Vers 3: Die Antwort scheint »Ja« zu sein. Paulus sagt: *Ihr habt den Geist durch den Glauben an Christus bekommen. Wollt ihr dieses Leben im Geist jetzt damit fortsetzen, dass ihr auf eure eigenen Werke vertraut?*
   - Vers 4: Diese Frage können nur die Galater selbst beantworten. Was Paulus sagen will, ist: Nachdem sie den Götzen den Rücken gekehrt hatten und dafür manches erleiden mussten, kehren die Galater jetzt Christus den Rücken und verlassen den, für den sie gelitten hatten!
   - Vers 5: Der Geist wirkt unter ihnen, ja tut sogar Wunder, weil sie sich, was ihre Erlösung und ihr Wachsen im Glauben betrifft, ganz bewusst auf Christus verlassen haben. Dagegen spielt es keine Rolle, wie sehr sie das Gesetz befolgen.
   - **Was will Paulus den Galatern mit all dem sagen?** Dass der Glaube an den gekreuzigten Christus (V. 1) ihnen Gottes Geist gebracht hat (V. 2), um unter ihnen zu wirken (V. 5). Das Befolgen des Gesetzes hatte nichts zu tun mit dem Beginn und der Fortsetzung ihrer Reise zu dem Ziel (»vollenden«, V. 3) des Lebens mit Gott.

3. → ***Ab in die Praxis:*** **Was sagen uns diese Verse darüber, wie man als Christ wächst?** Das Evangelium erlöst uns nicht nur – es lässt uns wachsen, wenn wir es (vgl. Sitzung 3) auf alle Bereiche unseres Lebens anwenden. Um als Christen Fortschritte zu machen, müssen wir immer wieder neu Buße tun, so wie bei unserer Bekehrung – also auf das Erlösungswerk Christi schauen und auf jegliche Versuche, aus eigener Kraft reife Christen zu werden bzw. uns auf den Himmel vorzubereiten, verzichten. Ein hilfreiches Bild ist hier das Fenster im Vergleich zum Spiegel. Wir beginnen unser Christenleben, indem wir »durch ein Fenster« auf Christus und sein Erlösungswerk am Kreuz schauen, aber im Laufe der Zeit wird aus dem Fenster leicht ein Spiegel, der uns unsere eigenen Bemühungen, recht vor Gott zu werden, zeigt. Aber im wahren Christenleben geht es *ganz* um das »Fenster«, das uns das Kreuz Christi zeigt, das uns gerecht und rein macht und wo wir mit Christus bekleidet werden (V. 26–27).

---

4. **Wie bekam Abraham das rechte Verhältnis zu Gott (V. 6)?** Indem ihm sein Glaube von Gott als Gerechtigkeit »angerechnet« wurde. Gott antwortet auf Abrahams Glauben, indem er ihn für gerecht erklärt; er behandelt Abraham so, als ob er gerecht lebt, obwohl er das nicht tut.
   - **Inwiefern war das ein Vorbild für die Galater, die Nichtjuden waren und 1 500 Jahre nach Abraham lebten?**
   - Rettender Glaube heißt: der Verheißung des Evangeliums glauben. Abraham glaubte nicht bloß allgemein an Gott; er glaubte an seine Verheißung, ihm einen Sohn zu geben, durch den er ihm, seiner Familie und der ganzen Welt Segen und Erlösung bringen würde. Rettender Glaube ist mehr, als zu glauben, dass es Gott gibt, oder die Bibel und ihre Lehren für wahr zu halten. Es geht um ein festes Vertrauen, dass Gott das, was er verheißt, auch tun wird.

- Rettender Glaube ist Vertrauen auf Gott und nicht auf unser Können und Leisten. Abraham vertraute nicht auf seine eigene Fähigkeit, einen Sohn zu bekommen (was menschlich gesehen unmöglich war). Er traute Gott zu, etwas zu tun, das nicht von menschlichem Können abhing. Er erwartete das Heil ganz von Gott, und nicht von sich selbst.

↓↓ *Tiefer schürfen*

Lest 1. Mose 15,1–21. Was erwartet Abraham (hier noch Abram) von Gott, obwohl er schon fast 100 Jahre alt ist (V. 4–6)? Dass er ihm einen Sohn schenken wird, der der Erbe von allem sein wird, einschließlich der Verheißungen Gottes in 1. Mose 12,1–3.

Was muss Abraham tun (V. 9–11)? Eine Kuh, eine Ziege und einen Widder schlachten, die Tiere in Hälften schneiden und die Stücke so anordnen, dass zwischen ihnen eine Art Durchgang entsteht.

Wer geht hier zwischen den Tierstücken hindurch und wer nicht (V. 12 und 17)? »Eine brennende Fackel« – ein Symbol der Gegenwart Gottes. Gott selbst geht zwischen den Tierhälften hindurch. Abraham dagegen nicht; ein unnatürlich tiefer Schlaf hat ihn übermannt.

Was zeigt Gott hier darüber, wer diesen Bund halten wird? Warum ist dies eine gute Botschaft für den schwachen Abraham? *Gott* wird den Bund halten, selbst dann, wenn Abraham und seine Nachkommen dies nicht tun. Gott selbst ist der Garant dieser Beziehung – und wenn es ihn das Leben kostet! Für Abraham, dessen Gehorsam alles andere als vollkommen ist, ist das eine gute Nachricht: Vertraue auf Gott und nicht auf dich selbst!

5. **Wozu führt es, wenn wir uns auf das Gesetz verlassen (Gal 3,10)?** Wir geraten unter einen »Fluch« (V. 10), eine Verurteilung. Man beachte, dass Paulus in Vers 12 sagt, dass der, der das Gesetz befolgt, »dadurch lebt«. Durch (oder für) etwas

»leben« bedeutet, sich ganz darauf verlassen, sein Glück und seine Erfüllung daraus beziehen.

Zusätzliche Fragen

- **Woran merken wir, wofür wir wirklich leben?** Stellt euch Fragen wie: Worauf gründe ich mein Leben? Was macht mir am meisten Freude bzw. Sorgen? Was würde mir, wenn ich es verlöre, den Eindruck geben, dass mein Leben vorbei ist?

Was ist wohl der Grund dafür? Der Fluch des Gesetzes hat zwei Aspekte.

- *Theologisch.* Wenn wir meinen, durch ein »anständiges Leben« erlöst zu werden, müssen wir uns genau anschauen, was Gottes Gesetz uns als »anständig« befiehlt. Um durch das Gesetz erlöst zu werden, müssten wir es zu hundert Prozent halten, und das können wir nicht. Wer sich seine Erlösung durch das Halten des Gesetzes verdienen will, landet »unter dem Fluch«; er wird auf ewig als Gesetzesbrecher verurteilt.
- *Emotional.* Der Versuch der Selbsterlösung durch Werke macht mich zu einem zutiefst ängstlichen und verunsicherten Menschen, weil ich nie sicher sein kann, dass ich auch wirklich nach meinen Normen lebe (geschweige denn nach Gottes Normen). Ich habe Angst vor Kritik, reagiere mit Neid und Angst auf Menschen, die »besser« sind als ich, und betrachte meine Fehler mit Entsetzen oder verdränge sie. Ich werde entweder überängstlich und nervös (weil ich nicht sicher bin, wo ich stehe) oder prahlerisch und selbstgefällig (weil ich diese innere Unsicherheit verdränge). In beiden Fällen fühle ich mich wie ein Verfluchter oder Verurteilter.

Zusätzliche Fragen

- **Dieser zweite »Fluch« ist nicht so leicht zu entdecken. Die Frage kann hilfreich sein: Inwiefern ist dies sowohl ein emotionaler Fluch in meinem Alltag als auch ein ewiger Fluch unter Gott?**

6. **Wenn Vers 10 wahr ist, wie kann uns Gott dann gerecht sprechen, ohne dabei ungerecht zu sein (V. 13)?** In Vers 10 zitiert Paulus 5. Mose 27,26: Um nicht verurteilt zu werden, muss man das *ganze* Gesetz halten. Wie können wir dem Fluch entgehen? Durch das, was Jesus getan hat, der »zum Fluch wurde für uns«, als er »am Holz hing«. (Im Alten Testament wurde ein Hingerichteter anschließend an einen Baum gehängt, zum Zeichen der Verurteilung durch Gott.) Als Christus an seinem »Baum« (dem Kreuz) hing, erfuhr er diesen Fluch der Verurteilung durch Gott. Er erfuhr ihn »für« uns, also an unserer Stelle, und hat uns damit »losgekauft« von dem Fluch unserer Gesetzesübertretungen. Unsere Sünden *sind* gesühnt, unser verdienter Fluch *ist* getragen worden – durch Christus, der unsere Stelle einnahm.
   - **Was bringt uns das Vertrauen auf den Tod Christi (V. 14)? Warum ist dies so gewaltig?**
   - *Segen.* Durch seinen vollkommenen Gehorsam gegenüber dem Gesetz hat Christus Segen (und nicht Verurteilung) verdient. Er hat uns erlöst, »auf dass der Segen Abrahams« durch ihn zu uns kommt.
   - *Den Heiligen Geist.* So wie Gottes Geist in dem Menschen Jesus Christus wohnte, so wohnt er jetzt in denen, die an Jesus Christus glauben.

   Unsere Erlösung ist viel mehr als die Vergebung unserer Sünden. Nicht nur ist unser Sündenregister gelöscht, sondern wir sind in Gottes Augen vollkommen. Wenn das nicht gewaltig ist!

7. **Wie beantwortet Paulus diesen Einwand (V. 15–18)?** Er nimmt das Beispiel eines rechtsgültigen Vertrages (hier: eines Testaments), der nicht annulliert werden kann. Wenn jemand ein Testament gemacht hat, gilt dieses, egal, was anschließend passiert. Gottes Verheißung an Abraham »wird nicht aufgehoben durch das Gesetz« (V. 17). Das mosaische Gesetz kann diese Verheißung nicht zu etwas anderem machen, als sie ist – eine feste Zusage. Wäre das Gesetz gegeben worden, damit wir uns durch sein Halten selbst erlösen, würde die Erlösung »nicht durch Verheißung gegeben« (V. 18). Gott hätte es sich anders überlegt und unsere Erlösung nicht mehr an seine Verheißung geknüpft, sondern an unsere Leistung. Er hätte seine verbindliche Zusage an Abraham zurückgenommen.

   Das ist kompliziert! Also noch einmal: Wenn wir durch das Gesetz des Mose erlöst werden könnten, wäre die Verheißung an Abraham keine echte Verheißung gewesen. Da es aber eine ist, muss das Gesetz einen anderen Zweck haben.

---

8. **Was kann das Gesetz *nicht* (V. 21)?** Es kann nicht »lebendig machen«. Es kann uns nicht die Macht geben, vor Gott gerecht zu werden bzw. zu bleiben.
   - **Was *kann* das Gesetz (V. 22–23)?** Es zeigt uns unsere Sünde, in der wir gefangen (»eingeschlossen«) sind; wir können uns nicht selbst befreien. Das Gesetz zeigt uns, dass wir nicht nur nicht immer nach Gottes Willen leben, sondern dass wir völlig unter der Macht der Sünde stehen. Wenn wir versuchen, das Gesetz zu befolgen, und immer wieder scheitern, merken wir, dass wir uns unmöglich selbst erlösen können.
   - **Was ist also der Sinn des Gesetzes (V. 24–25)?** Uns zu Christus zu treiben. Der Hauptzweck des Gesetzes ist, uns zu zeigen, dass wir einen Erlöser brauchen. Es will uns Jesus Christus suchen und finden lassen. Wenn wir zum Glauben an Christus gefunden und Gottes Rechtfertigung und Segen

bekommen haben, brauchen wir den »Zuchtmeister« (Lehrer) namens »Gesetz« nicht mehr; wir haben alles gelernt, was wir lernen sollten.

9. **Wir stehen also nicht mehr unter der Vormundschaft des Gesetzes (V. 25). Heißt das, dass Christen die Gebote Gottes egal sein können? Warum bzw. warum nicht? (Ein Tipp: Lest noch einmal Galater 2,19–20.)** Wir müssen das Gesetz nicht mehr befolgen, *um erlöst zu werden.* Wir können das gar nicht, dank Christus brauchen wir es noch nicht einmal zu versuchen. Aber das bedeutet nicht, dass Gottes Gebote nicht mehr für uns gelten! Wenn wir begriffen haben, dass Gott uns aufgrund seiner Verheißung erlöst hat, werden wir so dankbar sein, dass wir unserem Erlöser Freude machen wollen, indem wir so leben, wie er das will. Wir wollen ihm ähnlicher werden. Wie Paulus in Vers 20 sagt: »Christus lebt in mir.« Und wir tun dies ganz praktisch, indem wir dem Gesetz Gottes gehorchen; so können wir »für Gott leben« (V. 19).

10. → ***Ab in die Praxis:* Warum müssen die Menschen, um das Befreiende am Kreuzestod Jesu verstehen zu können, erst einmal erkennen, dass Gott ein Gott ist, der Gebote gegeben hat?** Solange wir nicht erkennen, was für hoffnungslose Fälle wir sind, wird die Botschaft von der Erlösung durch Christus uns kalt lassen. Solange wir nicht erkennen, wie groß unsere Schuld ist, können wir auch ihre Bezahlung durch Christus nicht ermessen. Solange wir denken: *»Sooo* schlimm bin ich doch nicht …«, werden wir Gottes Gnade nicht annehmen und uns nicht von ihr verwandeln lassen.

11. → ***Ab in die Praxis:* Wie kann ein gläubiger Christ, ohne es zu merken, zurück unter den Fluch der Befolgung des Gesetzes fallen?** Indem er vergisst, dass die Erlösung durch Christus nicht nur der Beginn des Christenleben ist, sondern die Basis für seinen gesamten Verlauf. Es ist nur zu leicht, mit dem Glauben an die Gnade Gottes zu beginnen und dann zu denken, dass wir

bestimmte Leistungen bringen oder Regeln befolgen müssen, um Christen zu bleiben (z. B. bestimmte Sünden meiden, gehorsamer werden, regelmäßig zur Kirche gehen, so werden wie bestimmte andere Christen).

Dergleichen führt mindestens in den emotionalen Fluch der Angst, ja Verzweiflung, weil wir unsere Heilsgewissheit verlieren. Oder auch in einen labilen Stolz, weil wir unser Selbstbild auf unsere Leistungen gründen. Es kann uns sogar dem Fluch Gottes ausliefern, denn wenn wir allen Ernstes nicht nur auf Christi Sühnetod, sondern auch auf unsere eigenen Leistungen setzen, leben wir wieder nach dem Gesetz (Gal 3,12) und sind somit wieder »unter dem Fluch« (V. 10), als unerlöste Gesetzesbrecher.

- **Was würdet ihr einem Christen sagen, dem das passiert ist?** Lass die Teilnehmer sich darüber austauschen. Die Antwort hängt von dem konkreten Einzelfall ab. Manche Christen brauchen die Vergewisserung, dass Jesus wirklich für all ihre Sünden gestorben ist. Anderen muss man vielleicht sagen, dass es ihr Stolz ist, der sie Christi Erlösungswerk durch ihre Leistungen ergänzen lässt.

GALATER 3, 26–4, 31

5.
KINDER GOTTES DURCH DAS EVANGELIUM

THEMA

Christen sind freie Menschen, weil sie durch den Glauben an Christus Kinder Gottes sind. Alle anderen Religionen versklaven die Menschen.

ÜBERBLICK

3, 26–29 ist der Höhepunkt dessen, was Paulus bisher gesagt hat. Wenn Jesus als der »Nachkomme« (3, 19) den Abraham verheißenen Segen erlangt hat, dann kann jeder (ob Jude oder Heide), der durch den Glauben Christus angehört, ein Erbe dieser Verheißungen werden. *Damit sind alle Christen »Gottes Kinder«* (V. 26). Wenn Gott uns anschaut, sieht er seinen vollkommenen Sohn (V. 27). Alles, was dem Herrn Jesus gehört, gehört auch uns. Durch den Sohn werden wir *rechtmäßig* Gottes Söhne (4, 4–5), und durch den Geist *erfahren* wir die Freude, Kinder Gottes zu sein, in unserem Leben (4, 6–7).

Doch die Galater, die früher heidnische Götzen verehrten (4, 8), lassen sich jetzt einreden, dass sie, um erlöst zu werden, auch das alttestamentliche Gesetz halten müssen. Sie wenden sich erneut ihrem dürftigen eigenen Können und Leisten zu (vgl. 4,9), nur in einer anderen Gestalt. Paulus sagt hier nicht weniger, als dass der Versuch, sich seine Erlösung durch Halten der biblischen Gebote selbst zu verdienen, genauso versklavend und götzendienerisch ist wie die alten »heidnischen« Religionen. Beide Male verlassen wir uns auf unsere eigenen Leistungen und dienen einem falschen Gott, um ein erfülltes Leben zu bekommen.

Paulus illustriert das abschließend »bildlich« (4,24) anhand von Abrahams beiden Söhnen und ihren Müttern. Hagar war eine Sklavin und steht für das Elend des Versuches, sich durch seine guten Werke selbst zu erlösen (4,25). Sara war eine Freie und steht für die Erlösung durch den Glauben.

Paulus sagt den Galatern – und uns –, dass es für uns nur zwei mögliche Erlöser gibt: uns selbst und Christus. Das Erste führt in die Sklaverei, das Zweite zu dem »Jerusalem, das droben ist, das ist die Freie« (4,26).

EXTRA

Lass die Teilnehmer zur Vorbereitung der Sitzung ihre Stammbäume zeichnen und mitbringen. Ist vielleicht jemand da, der seinen Stammbaum am liebsten ändern möchte? Oder gegen den Stammbaum irgendeiner berühmten Person (welcher?) eintauschen? Es geht ja in dieser Sitzung um Stammbäume. Der Glaube an Christus bedeutet die Adoption in die Familie Gottes; wir gehören nicht mehr zu der »Sklavenfamilie« von Hagar, sondern zu der »freien Familie« Saras.

ZU DEN FRAGEN

1. **Wenn ihr hundert Personen fragt, was der Unterschied zwischen dem Christentum und anderen Religionen ist, was für Antworten würdet ihr wohl bekommen?** Einige Möglichkeiten:

- Es gibt keinen Unterschied; es sind alles Wege zu Gott (oder auch nicht!).
- Das Christentum ist ein Ausdruck der westlichen Kultur, den diese in andere Gesellschaften exportiert hat. Andere Religionen gehören eben zu anderen Kulturen.
- Das Christentum ist einzigartig, weil es lehrt, dass Jesus Gott ist.
- **Wie würdet *ihr* diesen Unterschied beschreiben?** Jetzt wird es persönlich. Viele Christen können nicht sagen, was ihren Glauben so einzigartig macht. Andere nennen alle möglichen Unterschiede, wissen aber nicht recht, was der entscheidende, hauptsächliche Unterschied ist. Stelle, wenn du willst, die Frage erneut, wenn ihr mit Frage 10 fertig seid.

---

2. **Wer ist ein Kind (Sohn) Gottes, und warum (3, 26–27)?** Jeder, der an Christus glaubt (V. 26). Die Taufe (V. 27) ist ein äußeres Zeichen dieses Glaubens, aber in Gottes Familie adoptiert werden wir allein durch den Glauben. Gott betrachtet uns als seine Kinder (wörtlich: »Söhne«), weil wir den Sohn Gottes, Christus, »angezogen« haben (V. 27). Das Bild mit dem »Anziehen« will zeigen, dass Gott uns aufgrund des Erlösungswerkes Jesu liebt.

   Hinweis: Die Bezeichnung aller Christen – Männer wie Frauen – als »Söhne« Gottes wirkt heute auf viele anstößig. Aber die gängige Übersetzung mit »Kinder« geht an der Tragweite der Adoption in Gottes Familie vorbei. In den meisten antiken Kulturen konnten Töchter keine Erben sein. »Sohn« bedeutete »rechtmäßiger Erbe« – der, der alles bekam, wenn der Vater starb. Das Evangelium versichert uns, dass wir in Christus alle »Söhne« (also Erben) sind. Und Männer, aufgepasst: Die Bibel bezeichnet *alle* Christen als »Braut Christi« (vgl. Offb 21, 2). Gott ist ausgewogen in seinen geschlechterspezifischen Bildern. Wunderbar: Christliche Frauen sind Söhne Gottes, und die Männer gehören zur Braut Christi!

---

3. **Warum ist es wunderbar, ein Kind (Sohn) Gottes zu sein?**
   - **3,29:** Gottes Söhne sind »nach der Verheißung Erben«. Der Christ, der an Abrahams Nachkommen, Christus (vgl. V. 16), glaubt, bekommt all das, was Gott Abraham verheißen hat: den Segen der Erlösung (wie wir in der letzten Sitzung sahen).
   - **4,1–5,7:** Als Christus sein Volk vom Joch des Gesetzes befreite und alle Schuld und Strafe auf sich nahm, wurde Gottes Volk, das auf die Verheißung vertraute, »erwachsen«. Vorher waren wir wie kleine Kinder: Wir hatten eine große Zukunft, waren aber noch Sklaven (»Knechte«, V. 1). Jesus gibt uns »die Kindschaft« (NGÜ: »alle Rechte von Söhnen ... Gottes«, V. 5). Das ist eine Anspielung auf einen juristischen Akt im alten Rom, wo ein reicher Mann einen seiner Diener als Sohn adoptieren konnte. Vers 7 fasst zusammen: Es ist wunderbar, ein Sohn zu sein, weil man dadurch kein Sklave mehr ist. Durch Jesus sind wir rechtmäßige Erben von allem, was Gott schenkt.
   - **4,6:** Wir haben eine innige Beziehung zu dem Schöpfer des Kosmos. Wir können ihn »Vater« nennen, ja, *»Abba«* (»Papa«). Wir dürfen völlig gewiss sein, dass Gott uns wie ein Vater liebt, denn diese Liebe gründet nicht in dem, was wir *tun*, sondern in dem, wer wir in Gottes Augen *sind*. Im Gebet dürfen wir Gott ganz nahe kommen. Es lohnt sich, sich an dieser Stelle die Zeit zu nehmen, darüber nachzudenken und Gott im Gebet dafür zu danken, dass wir diese Beziehung zu dem haben dürfen, der alles erschaffen hat und alles regiert.

↻ *Zusätzliche Fragen*

- **Was sagt Paulus in 3, 28?** Wir sind alle »einer«. Zwei Menschen, die beide Christen sind, haben mehr miteinander gemeinsam als mit Menschen des gleichen Geschlechtes, des gleichen sozialen Standes oder derselben Ethnie. ***Hinweis:*** Dies heißt nicht, dass wir unsere Kultur nicht behalten dürfen (im Galaterbrief geht es ja u. a. darum, dass Heidenchristen nicht Judenchristen werden müssen!) oder dass es keine Unterschiede zwischen Männern und Frauen oder Arbeitgebern und Arbeitnehmern gibt (vgl. Eph 5, 21–33; 6, 5–9).
- **Inwiefern folgt diese radikale Einheit aus Vers 26?** Das ungeheure Vorrecht, ein Kind Gottes zu sein, ist wichtiger als die größten irdischen Privilegien, ob diese nun ererbt oder erarbeitet sind. Und das Wissen, dass wir rein aus Gnade Gottes Söhne sind, ist ein gutes Mittel gegen unseren Stolz (denn was sind wir? Sünder!).

4. **Was ist die Beziehung zwischen dem Werk des Sohnes und dem Wirken des Heiligen Geistes (V. 4–7)?** Der Sohn hat uns den objektiven *Status* eines Kindes (Sohnes) Gottes verschafft. Hier geht es um den Glauben, und nicht um Gefühle.

   Der Geist dagegen gibt uns die subjektive *Erfahrung*, ein Kind Gottes zu sein. Weil wir durch Christi Erlösungstat Gottes Söhne sind (vgl. V. 6), bekommen wir den Geist, der uns in den Stand setzt, diese neue Beziehung bewusst zu erleben. Der Heilige Geist schenkt uns das subjektive Erleben des objektiven Status, den wir durch den Sohn Gottes bekommen haben.

5. → *Ab in die Praxis:* **Was sollte ein Christ tun, der gerade keine innere Freude hat oder sich nicht von Gott geliebt fühlt?** Sich bewusst an seinen Status als Gottes Adoptivsohn, den Jesus uns gegeben hat, erinnern. Diese Wahrheit ist völlig unabhängig von unseren Gefühlen (3,26–27). Wenn wir so darüber nachdenken, wer wir durch Christus in Gott sind, beginnt der Geist, diese Wahrheiten in uns lebendig und heilend zu machen, sodass wir das, was über uns Tatsache ist, auch *spüren*. Um uns über unsere Gotteskindschaft zu freuen, müssen wir also:
   - uns genügend Zeit nehmen, das Werk des Sohnes zu studieren, und den Geist bitten, es uns groß und lebendig zu machen.
   - im Laufe des Tages immer wieder zu unserem Vater »rufen« (V. 6). Es ist wichtig, den Segen, Gott als unseren Vater zu haben, ganz bewusst zu erleben. Wir sollten uns fragen: »Verhalte ich mich wie ein Sklave, der Angst vor Gott hat, oder wie ein Kind, das der Liebe seines Vaters gewiss ist?«

---

6. **Wem oder was wenden die Galater sich laut 4,8–10 zu?** »Schwachen und dürftigen Mächten« (V. 9), d. h. der Vorstellung, dass wir uns selbst erlösen müssen.

   Was bedeutet das, was Paulus hier sagt? Die Galater laufen Gefahr, zurückzufallen und wieder zu Sklaven zu werden (»von Neuem dienen«, V. 9). Konkret: Sich durch strikte Moral und Religiosität seine Erlösung verdienen zu wollen, ist gerade so eine Versklavung an Götzen wie der traditionelle heidnische Götzendienst. In beiden Fällen will man sich selbst erlösen, indem man bestimmte Regeln einhält oder sich die Gunst eines Götzen sichert.

↓↓ *Tiefer schürfen*

Wie beschreibt Paulus seine Beziehung zu den Galatern?

- **4, 13–14:** Er predigte ihnen das Evangelium. Er war krank, aber trotz dieser »Anfechtung« (V. 14) verachteten die Galater ihn nicht, sondern behandelten ihn wie einen Engel.

- **Verse 15–16:** Doch jetzt hat sich etwas verändert. Es regt sich der Verdacht, dass Paulus ein »Feind« ist, der nicht das Beste dieser Menschen will. Es ist keine Freude mehr in der Beziehung (V. 15).

Wie unterscheidet die Predigt des Paulus sich von der der falschen Lehrer (V. 16–20):

- **in ihrem Ziel?** Die falschen Lehrer wollen, dass die Galater »um sie werben« (V. 17); Paulus dagegen will, dass Christus in ihnen »Gestalt gewinnt« (V. 19). Die falschen Lehrer wollen Loyalität und Popularität, Paulus will Christus-Ähnlichkeit.
- **in den Mitteln?** Die falschen Lehrer sagen, was die Menschen hören wollen, um so ihre Loyalität zu bekommen (vgl. 2Tim 4, 3–4). Paulus dagegen ist bereit, für einen »Feind« gehalten zu werden, um ihnen die Wahrheit zu sagen (vgl. Gal 4, 16). Er liebt die Galater genügend, um auch Hartes sagen zu können.

Was zeigt uns das über eine echte, treue Predigt des Evangeliums? Sie ...

- kann unpopulär sein um der Wahrheit willen (V. 16).
- kann herzzerreißend sein (V. 19).
- fordert die Menschen auf, Christus ähnlich zu werden (V. 19).
- möchte gern sanftmütig sein, ist aber auch bereit, Unangenehmes zu sagen (V. 16 u. 20).

---

7. **Lest 1. Mose 16, 1–4; 18, 10–14; 21, 1–10. Was sind die Unterschiede bei der Geburt der beiden Söhne?** Abraham hatte zwei Söhne – Ismael und Isaak – von zwei verschiedenen Frauen. Hagar, die Sklavin Saras, gebar ihm Ismael, seine Frau Sara gebar ihm Isaak. Ismael »ist nach dem Fleisch geboren worden« (Gal 4, 23); Abraham schlief mit einer jungen, fruchtbaren Frau,

und sie wurde schwanger. Isaak dagegen wurde »durch die Verheißung« geboren – Sara war unfruchtbar und bereits sehr alt; es brauchte ein Wunder Gottes, um Abraham durch sie einen Sohn zu schenken.

- **Wie viel Glauben brauchte Abraham, um einen Sohn mit Hagar zu zeugen? Wie viel brauchte er, um mit Sara einen Sohn zu bekommen?** Bei Hagar gar keinen; er konnte sich auf sich selbst (und Hagar) verlassen. Bei Sara dagegen brauchte er einen großen Glauben; er musste sich auf Gottes Gnade verlassen, der das menschlich Unmögliche möglich machen konnte. Er konnte nur vertrauen und abwarten, was Gott tun würde.

---

8. **Für was stehen die beiden Mütter (V. 24–26)?** Hagar steht für den Sinai-Bund des Gesetzes und das irdische Jerusalem, also die, die in der »Knechtschaft« leben (V. 25; die allermeisten von ihnen hatten Christus nicht angenommen). Insofern steht Hagar für die, die sich selbst erlösen wollen. Sara dagegen steht für die Gnade Gottes durch seinen Sohn und somit für »das Jerusalem, das droben ist«. Sie glaubte Gottes Verheißung und steht insofern für die, die glauben, dass Gott sie durch sein Werk in Christus erlöst.
   - **Die Bewohner Jerusalems – die Juden waren – betrachteten Sara als ihre Mutter und Hagar als die Mutter der Heiden. Warum verstärkt dies das, was Paulus hier sagt, zusätzlich?** Paulus spielt: »Stammbäume, verwechselt euch!« Die falschen Lehrer in der Gemeinde in Galatien denken genau so wie Abraham, als er mit Hagar schlief und auf sein eigenes Vermögen setzte. Sie sind Sklaven, so wie Hagar – Sklaven der Angst, Schuldgefühle und Verunsicherung, des Jagens nach Werkgerechtigkeit. Und umgekehrt sind die Heidenchristen eigentlich Nachfahren Saras! Sie sind die wahren Söhne Isaaks – weil sie nicht auf ihre eigenen Fähigkeiten

setzen, sondern auf Gottes übernatürliche Macht, seine Verheißungen zu erfüllen.

9. **Was haben die Galater zu erwarten (4,28–29)?** Dass sie, wenn sie auf Christus vertrauen, von den »Gesetzestreuen« verfolgt werden. Die Kinder der Sklavin werden immer die Kinder der Freien verfolgen.

↻ ***Zusätzliche Fragen***

- **Inwiefern ist Vers 31a eine Zusammenfassung der ganzen Argumentation des Paulus ab 3,1?** Paulus sagt diesen Heidenchristen: *Ihr seid die Freien, die anderen sind die Sklaven! Ihr seid bereits Abrahams wahre Kinder, die frei sind und zum himmlischen Jerusalem gehören. Die Sklaven versuchen, sich selbst zu erlösen, und schaffen das nicht. Freiheit heißt zu wissen, dass Christus schon alles für uns getan hat. Gebt eure Freiheit nicht auf!* Darauf zielt er seit 3,1 ab. Christus hat unseren Fluch auf sich genommen und uns seine Herrschaft geschenkt; es gibt nichts, was wir brauchen oder haben könnten, das wir in ihm nicht finden. Wir müssen nur alles von ihm erwarten – und nicht von uns.

10. → ***Ab in die Praxis:*** **Warum brauchen sowohl die »Nichtfrommen« als auch die »Frommen« das Evangelium?** Jeder versucht, sich seine Erlösung – seinen Wert, seine Sicherheit, seine Befriedigung – zu verdienen, indem er etwas anbetet. Wir alle brauchen das Gefühl, dass wir etwas wert sind, und so verehren wir etwas, von dem wir dieses Gefühl erwarten.

- Auch nichtreligiöse Menschen beten irgendetwas an. Doch diese Dinge beherrschen uns. Haben wir sie endlich bekommen, enttäuschen sie uns, und wenn wir sie wieder verlieren, sind wir am Boden zerstört.

- Fromme (oder hochmoralische) Menschen dagegen versuchen, sich dadurch zu erlösen, dass sie »gut« und »anständig« sind. Sie halten Gottes Gebote, damit er sie belohnt und ihnen das Leben gibt, das sie brauchen (und wenn es einfach darin besteht, dass sie stolz darauf sind, »besser« zu sein als die anderen). Jesus darf gern ihr Vorbild oder Helfer sein – aber erlösen wollen sie sich selbst.

Die »Nichtfrommen« wie die »Frommen« bekommen nicht, was sie suchen. Sie brauchen das Evangelium der Gnade, das ihnen das gibt, was sie nicht selbst finden und sich nicht selbst verdienen können.

- **Was meint ihr: Warum verfolgen die »Frommen« die Menschen, die sich an das Evangelium halten (V. 29)?** Weil das Evangelium für die »Frommen« gefährlicher ist als für die Nichtreligiösen. Religiöse Menschen sind sehr nervös, was ihr Verhältnis zu Gott betrifft. Diese innere Unsicherheit macht sie zu Feinden des Evangeliums, das ja klarstellt, dass auch ihre besten Taten vor Gott nutzlos sind.

GALATER 5,1–25

6. FREIHEIT UND FRUCHT DES EVANGELIUMS

THEMA

Das Evangelium befreit uns dazu, Gott und unsere Mitmenschen zu lieben. Gottes Geist hilft uns, das Evangelium auszuleben und unsere sündige Natur zu bekämpfen.

ÜBERBLICK

In 5,1 kommt Paulus auf das Thema der Freiheit des Christen zurück, das er in 2,4 angesprochen hatte. Jesus hat uns frei gemacht von der Last, uns unsere Rechtfertigung durch Halten des Gesetzes selbst verdienen zu wollen, sowie von dem Frust des Götzendienstes, der uns doch nichts bringt. In dieser Freiheit gilt es nun, »fest zu stehen«.

Was bedeutet das? Dass wir unsere Freiheit nicht durch einen Rückfall in einen Lebensstil des Haltens (oder Brechens) von Regeln verscherzen, aber auch, dass wir sie nicht missbrauchen. Wer wirklich an Christus glaubt, hat für die Zukunft eine gewisse Hoffnung (V. 5), und in der Gegenwart liebt er Gott und seine Mitmenschen (V. 6).

Christliche Freiheit bedeutet also nicht, dass wir Gott ungehorsam sind. Das Evangelium befreit uns ja gerade dazu, ihm aus Liebe zu gehorchen – indem wir unseren Nächsten lieben (V. 14). Wir gehorchen nicht mehr aus Angst oder weil wir auf eine Gegenleistung hoffen; Gott hat uns durch das Evangelium schließlich unseren Wert und unsere Sicherheit garantiert. Das Evangelium der Liebe Christi zu uns motiviert uns, Gott zu gehorchen, wie wir bereits mehrfach sahen.

Paulus ruft die Galater auf, als freie Kinder Gottes im Geist und nicht im Gesetz zu leben (V. 16). Er spricht hier wörtlich von dem »übermäßigen Begehren« unserer sündigen Natur (V. 16–17). Es geht darum, dass wir aus etwas Gutem einen Gott machen, den wir um jeden Preis haben bzw. behalten müssen. Christen haben gegen dieses übermäßige Begehren anzukämpfen, damit der Heilige Geist in ihrem Wesen die Frucht des Evangeliums hervorbringen kann.

Paulus ruft die Galater also zu zweierlei auf: dass sie feststehen in der Freiheit des Evangeliums, in dem Wissen, dass sie in Christus alles haben, und dass sie den Kampf gegen ihr sündiges altes Ich aufnehmen, damit der Heilige Geist sie zu Menschen machen kann, die das Wesen dessen widerspiegeln, der sie erlöst und zur Gottes- und Nächstenliebe befreit hat.

EXTRA

Lass die Teilnehmer mit verbundenen Augen mehrere Obstsorten testen – allgemein bekannte wie auch exotischere. Können sie sie korrekt erraten?

ZU DEN FRAGEN

1. **Warum gehorcht ein Kind seinen Eltern?** Es gibt hier mehr als eine Antwort! Zum Beispiel:
   - *Angst* vor Strafe.
   - *Pflichtgefühl:* Wenn die Eltern für mich sorgen, muss ich eben gehorchen.
   - *Belohnung:* Das Kind versucht, die Liebe seiner Eltern zu erkaufen (oder auch eine Tafel Schokolade!). Das ist eine ähnliche Motivation wie die Angst. Gehorsam aus Angst möchte etwas Böses vermeiden, Gehorsam, um belohnt zu werden, etwas Gutes gewinnen.
   - *Vorbild:* Andere Kinder gehorchen ihren Eltern auch.
   - *Liebe:* Das Kind möchte den Menschen, die es lieben und die schon so viel für es getan haben, Freude machen.

   Ein Kind, das nicht weiß, dass seine Eltern es lieben, kann natürlich nicht aus Liebe gehorchen. Es wird meist aus Angst gehorchen oder um belohnt zu werden. Es geht ihm darum, Liebe zu erwerben bzw. zu behalten, und nicht, auf eine Liebe zu antworten, die es bereits hat und nicht verlieren kann.

2. **Was hat Christus getan (V. 1)?** Er hat uns »befreit«. Das ganze Evangelium dreht sich um Freiheit. **Wie sollten wir darauf reagieren?** »Steht fest.« Man kann diese Freiheit verlieren (das ist das Thema des ganzen Briefes). »Fest stehen« ist ein Begriff aus dem Militär; er bedeutet, aufmerksam und stark zu sein und Angriffe abzuwehren. Christen müssen wachsam sein und ihrer Freiheit bewusst; sie sollten sich nicht erneut »das Joch der Knechtschaft« auflegen lassen und meinen, sie müssten Gott gehorchen, damit er sie erlöst und zu seinen Kindern macht.

Zusätzliche Fragen

- **Wovor warnt Paulus die Galater in den Versen 2–4?** Vor dem Irrglauben, dass sie, um vor Gott gerecht zu werden, Christus UND ihren Gehorsam brauchen. Dies würde bedeuten, dass sie auf das Gesetz setzen (V. 3) und folglich nur dann erlöst werden, wenn sie das ganze Gesetz befolgen. Damit aber würden sie Christus und die Rechtfertigung, die er schenkt, verlieren (V. 4); sie würden »aus der Gnade herausfallen« (V. 4).
- **In Vers 4 scheint Paulus zu sagen, dass ein echter Christ seine Erlösung wieder verlieren kann. Inwiefern hilft uns Vers 10 zu verstehen, was er meint?** Christen sind Menschen, die wissen, dass sie durch den Glauben an Christus vor Gott gerecht gesprochen sind. In Vers 10 äußert Paulus seine Hoffnung, dass die Galater sich letztlich doch nicht vom Evangelium abwenden werden. Er hält sie eindeutig für echte Christen – aber Christen, die gerade verwirrt sind. Ihre positive Reaktion auf seine Warnung wird zeigen, dass sie das Evangelium doch von ganzem Herzen glauben. Eine negative Reaktion wäre der Beweis, dass sie das Evangelien von der Erlösung allein durch den Glauben an Christus nie verstanden hatten.

---

3. **Worin zeigt sich ein rettender Glaube – und worin nicht (V. 5–6)?**
   - »Wir warten ... auf die Gerechtigkeit, auf die wir hoffen.« Zeige der Gruppe, dass »Hoffnung« in der Bibel nicht ein schwächliches »Es wäre schön, wenn ...« ist, sondern vielmehr eine feste Gewissheit. Christen haben eine tiefe Zukunftszuversicht; sie wissen, dass sie in alle Ewigkeit Frieden mit Gott haben werden. Diese Gewissheit unserer Zukunft mit Gott, die nicht in *unserem* Tun

gründet, sondern in dem Christi, ist eine Frucht des Evangeliums.

- Liebe. Wenn wir an Christus glauben und somit eine feste Zukunftshoffnung haben, wird unser Herz vor Liebe überströmen. Liebe ist eine Folge echten Glaubens. Mehr dazu bei Frage 4.
- Weder »Beschneidung« (äußerliche Frömmigkeit) noch »Unbeschnittensein« (Verzicht auf äußerliche Frömmigkeit) gelten, wenn es darum geht, zu zeigen, ob wir erlöst sind.

4. **Wozu sollten die Galater die Freiheit, die das Evangelium ihnen gibt, gebrauchen (V. 13–14)?** Dazu, ihren Mitmenschen (dem »Nächsten«, V. 14) in Liebe zu dienen (V. 13).
   - **Wie *befreit* uns das Evangelium dazu, Gott und unseren Nächsten wirklich zu lieben?** Solange wir noch nicht an das Evangelium glauben, dienen wir Gott nur, um uns seine Liebe bzw. Belohnung zu verdienen bzw. aus Angst vor den Folgen, falls wir ihm nicht dienen. Und unseren Mitmenschen dienen wir nur, weil sie uns etwas »bringen« (Freundschaft, guter Ruf, Identität, Erwiderung unserer Freundlichkeit). Ohne das Evangelium können wir Gott oder den Nächsten unmöglich um seiner selbst willen lieben. Doch im Evangelium entdecken wir, dass Gott uns schon längst liebt und alles gegeben hat, was wir brauchen; jetzt können wir ihm aus Liebe dienen und, weil er der ist, der er ist. Und da wir im Evangelium alles haben, was wir brauchen, brauchen wir dieses nicht bei anderen Menschen zu suchen, sondern können sie »einfach so« lieben und ihnen dienen, ohne eine Gegenleistung erwarten zu müssen.
   - **Wie *motiviert* uns das Evangelium dazu, Gott und unseren Nächsten zu lieben?** Weil Christus

uns zu solch einem hohen Preis befreit hat, wollen wir ihm aus Dankbarkeit Freude machen. Ihm Freude zu machen, wird zu dem großen Ziel in unserem Leben. Das Evangelium zeigt uns nicht nur, dass Gott als unser *Schöpfer* jedes Recht hat, unseren Gehorsam einzufordern; er hat dieses Recht auch als unser *Erlöser.* Das Evangelium motiviert uns also dazu, Gott zu lieben – und da er uns auffordert, unseren Nächsten so zu lieben wie uns selbst (V. 14, Zitat aus 3 Mose 19,18), werden wir dazu motiviert, Gott dadurch zu lieben, dass wir unseren Mitmenschen selbstlos dienen. Wir gehorchen Gott nicht mehr aus Angst oder um eine Belohnung zu erhalten, sondern aus Liebe, weil er uns so geliebt hat. (An dieser Stelle könnt ihr noch einmal auf Frage 1 zurückkommen.)

---

5. → ***Ab in die Praxis:*** **Wie kann es uns passieren, dass wir Gott gehorchen, aber aus den falschen Gründen?** Hier werden die Antworten auf Frage 1 hilfreich sein. Es ist möglich, dass man Gott dient, aber falsche Vorstellungen von seiner Beziehung zu uns als seinem Volk hat:
   - *Angst:* »Ich will nicht in die Hölle kommen!«
   - *Pflichtgefühl:* Gott ist Gott, also muss ich tun, was er sagt.
   - *Belohnung:* »Ich will doch in den Himmel kommen!«
   - *Meine Schulden bezahlen:* Gott hat so viel für mich getan, dass ich mich verpflichtet fühle, ihm etwas dafür zu geben.

   Natürlich kann man Gott auch dienen, weil man falsche Vorstellungen von sich selbst hat:
   - *Wert:* Ich möchte mein Wertgefühl steigern.
   - *Guter Ruf:* Ich möchte, dass die anderen mich achten bzw. loben.

↻ *Zusätzliche Frage*

- **Wie untergräbt bzw. verwandelt das Evangelium diese Motivationen?**

↓↓ *Tiefer schürfen*

Lest Philipper 3,12–14; Hebräer 12,1–3. Was sagen uns diese Bibelabschnitte darüber, wie man als Christ »im Rennen bleibt«?

Philipper 3: Es geht darum »nachzujagen« (V. 12), indem wir nicht damit zufrieden sind, was wir schon haben, und nicht nach hinten schauen (V. 13), sondern nach vorne, zum Himmel. Wir sollen als Menschen leben, die sich zum Ziel hin ausstrecken.

Hebräer 12: Die Sünde ablegen, die eine Stolperfalle ist (V. 1). Den Blick auf Jesus heften, der sowohl der Gegenstand unseres Glaubens ist als auch unser großes Glaubensvorbild; nicht müde werden, wenn wir Widerstand erleben.

Welchen Anreiz geben uns diese Bibelstellen, im Rennen zu bleiben?

Philipper 3: Wenn der Lauf vorbei ist, wartet im Himmel ein großer Siegespreis auf uns.

Hebräer 12: Wir haben viele Vorbilder in diesem Lauf des Glaubens (die »Wolke von Zeugen« meint die Glaubenshelden von Hebräer 11). Wie Jesus, werden auch wir nach dem Spott dieser Welt die ewige Freude des Himmels erleben.

6. **Was geht in jedem Christen vor (V. 16–17)?** Ein Kampf zwischen dem »Geist« (dem vom Heiligen Geist erneuerten Herzen des Christen) und der sündigen Natur (»Fleisch«), also dem Teil unseres Wesens, das die Sünde will. Bevor jemand Christ wird, hat er nur diese sündige Natur. Wenn dann der Heilige Geist in sein Herz kommt, beginnt der Kampf. Jetzt möchte ich eigentlich für Gott leben (»Wandelt im Geist«, V. 16), folge aber immer noch meiner sündigen Natur, »sodass ihr nicht tut, was ihr wollt« (V. 17). Es ist ein regelrechter Krieg!
   - **Was macht an dieser Tatsache Mut? Was ist ein Problem?**

- Viele Christen werden entmutigt, wenn sie etwas tun, das sie gar nicht wollen – sündigen. Oder wenn sie sich hin- und hergerissen fühlen zwischen der Sünde und Gott. Paulus sagt ihnen: *Das ist das Leben des Christen! Dein innerer Kampf zeigt nicht, dass mit dir etwas nicht stimmt, sondern dass etwas richtig ist: Der Heilige Geist arbeitet in dir.*

  Der Schluss von Vers 17 (»was ihr wollt«) ist ausgesprochen positiv. Unser wahres, ewiges Ich ist nicht die sündige Natur, sondern der vom Geist geleitete Mensch. Selbst wenn wir in Sünde gefallen sind, können wir sagen: *Das bin nicht wirklich ich, das will ich doch gar nicht! Ich gehöre Gott, und ich will ihn und seinen Willen!*
- Wir sollten nie erwarten, dass unser Leben ein Spaziergang ist. Wir müssen jeden Tag neu beschließen, dem Geist zu folgen. Der Kampf wird nie vorüber sein, und wir dürfen nie aufgeben. Und es ist nie so, dass wir sündigen müssen; wir können uns immer für den Heiligen Geist und das, was er will, entscheiden.

---

7. **Was sagt uns das darüber, wie unsere sündige Natur funktioniert?** Das Hauptproblem ist nicht unser Verlangen nach bösen Dingen, sondern unser übermäßiges Verlangen nach an sich guten Dingen. Unsere sündige Natur macht aus Gutem Götzen: *Das musst* du haben, um du zu sein und Sicherheit, Sinn und Zufriedenheit in deinem Leben zu haben! Dieses übermäßige Verlangen ist sündig, weil es verneint, dass Gott der ist, den wir über alles brauchen. Wir alle haben schon erlebt, wie wir etwas unbedingt haben mussten und alle Hebel (auch sündige) in Bewegung setzten, um es zu bekommen. So funktioniert unser sündiges Wesen.

8. **Schaut euch die »Werke des Fleisches« in den Versen 19–21 an. Greift euch zwei oder drei heraus und überlegt, inwieweit sie die Folgen eines »Über-Begehrens« sind.** Nehmen wir die »Unzucht« (sexuelle Unmoral), die die Liste anführt. Meine sündige Natur hat ein übermäßiges Verlangen nach sexueller Lust. *Das* brauche ich – so redet sie mir ein –, um Erfüllung in meinem Leben zu haben. Nur wenn ich sexuell aktiv und erfahren bin, bin ich jemand. So wird meine Sexualität – etwas an sich Gutes, von Gott Erschaffenes – zu meinem Gott, den ich brauche, selbst wenn ich dafür mein Ehegelübde brechen und einen anderen Menschen mit in die sexuelle Unmoral hineinziehen muss.

   Manche dieser »Werke des Fleisches« sind gleichsam Nebenprodukte eines unmäßigen Verlangens nach etwas ganz anderem, z. B. so: Ich möchte unbedingt ein größeres Haus haben. Ein Freund von mir hat eines; also werde ich neidisch auf ihn. Was mich antreibt, ist nicht mehr die selbstlose Nächstenliebe, sondern mein egoistischer Ehrgeiz. Ich fange an, andere schlecht zu machen, bekomme einen Wutanfall, wenn ich mein Traumhaus nicht bekomme, usw.

---

9. **Greift euch zwei oder drei Aspekte der Frucht des Geistes in den Versen 22–23 heraus. Inwiefern sind diese Dinge Folgen des Glaubens an das Evangelium?** Nehmen wir die *Freude:* Dadurch, dass Gott mein himmlischer Vater ist, habe ich alles, was ich brauche, jetzt und für immer. Ich bin wichtig, weil ich sein Kind bin; seine Liebe macht mich zufrieden und geborgen. Wenn ich etwas Gutes, das die Welt mir bietet, verliere (oder gewinne), ändert das nichts an der Freude ganz tief drinnen, die unkaputtbar ist, weil sie nicht darin gründet, wer ich in der Welt bin und was ich in ihr habe, sondern wer ich in Gott bin und was ich in ihm habe.

   Oder die *Sanftmut:* Gott sagt »Ja« zu mir, also muss ich nicht das »Ja« meiner Mitmenschen gewinnen und muss auch niemanden niedermachen. Ich muss nicht nach oben buckeln und nicht nach unten treten, um im Leben voranzukommen. Gott sieht und kennt mich; ich muss nicht dauernd von Menschen beachtet werden.

Was haben diese Dinge mit der Nächstenliebe zu tun? Unsere sündige Natur ist total ich-bezogen; die verschiedenen Aspekte der Frucht des Geistes dagegen lassen uns unseren Nächsten lieben. Die Freude, die der Heilige Geist gibt, genießt es z. B., wenn anderen Gutes widerfährt (anstatt neidisch zu sein), und macht auch den Mitmenschen Mut zu Freude und Zufriedenheit (und nicht zu Undankbarkeit).

10. **Was ist unser Anteil am Zustandekommen der Frucht des Geistes? Welche Rolle spielt der Geist selbst (V. 18 u. 22 u. 25)?** Wir bemühen uns darum, vom Geist »regiert« zu werden und in ihm zu leben. Wenn wir dies tun, wirkt der Geist in uns und lässt diese Frucht in uns wachsen. Gott wirkt in uns, und darum können wir selbst wirken. Und umgekehrt lässt unser Bemühen Gott wirken (vgl. Phil 2,12–13). Man beachte, dass man hier auf beiden Seiten vom Pferd herunterfallen kann:
    - »Der Geist tut alles; ich brauche nichts zu tun.« Wir müssen vielmehr bewusst im Geist leben und gegen unser sündiges Wesen ankämpfen.
    - »Ich muss alles tun.« Aber es ist der Geist, der die Frucht wachsen lässt, und nicht ich! Wenn ich mir einbilde, dass *ich* alles schaffen muss, werde ich stolz oder neidisch und keinen Frieden haben – das genaue Gegenteil des Wirkens des Geistes.

11. → ***Ab in die Praxis:*** **Welche der »Werke des Fleisches« (V. 19–21) sind in eurer Kultur besonders häufig und besonders salonfähig?** Das ist eine Gelegenheit, darüber nachzudenken, welche der Dinge in den Versen 19–21 die Teilnehmer am ehesten praktizieren, ohne es zu merken, bzw. für welche sie am leichtesten Entschuldigungen finden oder bei welchen man als »komischer Heiliger« gilt, wenn man nicht mitmacht.

12. → ***Ab in die Praxis:*** **Welche der Aspekte der »Frucht des Geistes« (V. 22–23) werden in eurer Gemeinde am wenigsten beachtet und hochgehalten?** Viele Gemeinden neigen dazu,

gewisse Aspekte der Frucht des Geistes mehr zu schätzen und zu rühmen als andere – oder sogar bestimmte Geistes*gaben*, die Gott nur bestimmten Christen schenkt (z. B. die Lehre oder das Zungenreden), zu feiern, anstatt die *Frucht* des Geistes zu suchen und hochzuhalten, die unser Herr in *allen* Christen wachsen lassen will.

- **Wie würden diese Früchte ganz konkret aussehen?** Lass die Gruppe darüber nachdenken, wie sich die Frucht des Geistes ganz konkret in der Haltung und dem Verhalten der Menschen gegenüber Gott und dem Nächsten äußert. Es könnte sein, dass einigen in der Gruppe plötzlich aufgeht, dass bestimmte Leute in ihrer Gemeinde dabei sind, diese Frucht zu tragen – was ein Grund dafür wäre, Gott für sie zu danken und sie in ihrem geistlichen Wachsen zu bestärken.

GALATER 5, 26–6, 18

7.
DAS EVANGELIUM GENÜGT

THEMA

Christus ist alles, was wir brauchen. Wir sollten unsere Identität nicht daraus beziehen, was andere tun oder von uns denken, sondern allein daraus, wer wir in Christus sind.

ÜBERBLICK

Die erste Hälfte dieses Abschnitts (5, 26–6, 6) ist voller praktischer Ratschläge für den Umgang miteinander. Aber (und das sollte uns jetzt nicht mehr überraschen!) als Quelle und Motivation echt selbstloser Beziehungen nennt Paulus das Evangelium Christi. Allein das Evangelium kann uns vor Hochmut und Minderwertigkeitsgefühlen bewahren, wenn wir uns mit anderen vergleichen (5, 26). Es macht uns sowohl demütig als auch zuversichtlich und lenkt unseren Blick darauf, wie *wir* Gott mit den Gaben, die er uns gegeben hat, dienen können, und nicht darauf, wie gut sich die anderen schlagen (6, 4).

Die zweite Hälfte ist in vieler Hinsicht eine Art Zusammenfassung des ganzen Briefes – vor allem die Verse 14–15. Nachdem er die Galater noch einmal ermutigt hat, für den Heiligen Geist und nicht für die alte sündige Natur zu leben (6,8), indem sie ihren Mitmenschen Gutes tun (V. 9–10), stellt Paulus abschließend noch einmal falsche Frömmigkeit und wahren christlichen Glauben einander gegenüber.

Die falschen Lehrer suchen Selbsterlösung (Sicherheit, Anerkennung, Status) durch ihre religiösen Leistungen (6,12–13), während Paulus allein auf Christus und seinen Tod am Kreuz setzt (V. 14). Für ihn zählt nicht das, was er selbst tut, sondern allein, was Christus für ihn getan hat und weiter tut (V. 15). Und so erlebt er – trotz aller Verfolgung, die er für seinen Glauben und sein Missionieren durchmacht (V. 17) – wie alle echten Christen Frieden, Barmherzigkeit und Gnade (V. 16 u. 18). Das ist seine abschließende Einladung an die Galater, ihr Leben nach dem Evangelium Christi zu führen. Das Evangelium genügt; es ist alles, was wir brauchen, um eine liebevolle, innige, freudige Beziehung zu Gott zu haben und ähnlich auch zu unseren Mitmenschen.

ZU DEN FRAGEN

1. **Warum vergleichen wir uns gern mit anderen?** Hier gibt es keine falschen Antworten! Das Fazit wird sehr wahrscheinlich sein, dass wir durch dieses Vergleichen feststellen wollen, wie »gut« wir sind. Wir möchten gern Erfolg und Erfüllung im Leben haben, und um zu wissen, wie das geht, schielen wir auf die anderen: Was haben sie und um was bemühen sie sich? Und dann imitieren wir sie und prüfen, wie weit wir gekommen sind, indem wir uns mit anderen vergleichen.

2. **Warum lässt uns unsere Überheblichkeit (»eitle Ehre«) andere »herausfordern« und »beneiden« (5,26)?** Der Überhebliche ist verunsichert, und daher *muss* er sich mit anderen vergleichen. Wir fühlen uns dann entweder den anderen *überlegen* und stellen dies zur Schau, womit wir unsere Mitmenschen ärgern oder entmutigen, oder wir fühlen uns schmerzlich *unterlegen* und haben einen Neid auf die, die mehr haben oder »besser« sind als wir.

3. **Paulus hat die Galater gerade aufgefordert, »im Geist zu wandeln« (5,25), also das Evangelium Christi zu bedenken und auszuleben. Wie macht das Evangelium uns**
   - **sowohl demütig als auch mutig?** Das Evangelium sagt uns, dass wir Sünder sind, die sich das, was sie am meisten brauchen – Segen und ewiges Leben – nicht selbst erwerben können. Das ist demütigend! Aber das Evangelium sagt uns auch, dass wir dann, wenn wir an Christus glauben, in den Augen des einzigen Wesens im Universum, das zählt, geliebt und wertgeschätzt sind. Ohne das Evangelium bin ich entweder mutig, aber nicht demütig (wenn ich mich überlegen fühle) oder demütig, aber nicht mutig (wenn ich mich unterlegen fühle); vielleicht schwanke ich auch zwischen den beiden Extremen hin und her. Allein das Evangelium gibt uns eine Demut und einen Mut, die sich nicht gegenseitig bekämpfen, sondern gemeinsam wachsen.
   - **weniger überheblich?** Das Evangelium gibt mir ein völlig neues Selbstbild. Ich muss nicht mehr die Anerkennung durch die anderen haben, da Gott selbst mich liebt und »Ja« zu mir sagt. Ich muss mich nicht mit anderen vergleichen, um herauszufinden, wie gesegnet ich bin bzw. wie ich Segen bekommen kann, da ich alles, was ich brauche, vollkommen und auf ewig in Christus habe.

---

4. **Was empfiehlt Paulus den Galatern als Alternative zum Suchen der eigenen Ehre in ihren Beziehungen mit anderen Christen?**
   - **6,1:** Schaut nicht weg, wenn jemand von einer Sünde »ereilt wird« (d. h. sie gewohnheitsmäßig tut). (Wir sollten aber auch nicht vorschnell kritisieren, vgl. 1Kor 13,5; Lk 6,41–42.)

- Versucht, diesem Menschen »zurechtzuhelfen«. Das griechische Wort meint das Einrenken eines ausgerenkten Knochens; das kann schmerzhaft sein, ist aber für den Sünder wie die ganze Gemeinde gut.
- Tut dies »sanftmütig«. Wir dürfen nicht denken, dass wir selbst über jede Versuchung erhaben sind; es kann auch uns erwischen. Dieses Wissen bewahrt uns vor Hochmut in unserem Zurechthelfen.
- **6,2:** »Einer trage des andern Last.« Wir sollten einander mit unseren Problemen helfen. Das »Gesetz Christi« ist die Nächstenliebe (5,13–14), was das hohe Wort »Liebe« sozusagen erdet. Die Last eines anderen zu tragen ist Liebe, die etwas kostet; sie erfordert Kraft und ist nicht einfach. Eine Variante dieses Tragens wird in 6,1 beschrieben.
- **6,3–4:** Wir sollten uns nicht von oben herab mit anderen vergleichen, sondern ihnen dienen. Demütig sein heißt zu erkennen, dass wir »nichts« sind (V. 3); alles, was wir haben, kommt von Christus und nicht aus unseren eigenen Leistungen. Anstatt uns mit anderen zu vergleichen, sollten wir uns lieber selbst prüfen (V. 4): Was für Gaben und Gelegenheiten habe ich, und wie nutze ich sie? Das Zeichen dafür, dass wir das tun, ist, dass wir uns weder erhaben fühlen über die, die weniger Gaben haben als wir, noch nutzlos gegenüber denen, die mehr Gaben haben. Wir messen uns nicht an den anderen, sondern sozusagen an uns selbst.
- **6,5:** Das sieht wie ein Widerspruch zu Vers 2 aus, aber es ist nicht dieselbe Art »Last« gemeint. Vers 2 meint eine sehr schwere Bürde, Vers 5 mehr eine Art Rucksack, d. h. unsere persönlichen Stärken und Schwächen, Schwierigkeiten

und Chancen – und die teilen wir nicht mit unseren Mitmenschen. Jeder von uns muss das, was er heute tut, im Licht dessen beurteilen, was Gott ihm gegeben hat, womit er kämpft usw. ***Hinweis:*** Wenn wir uns so verhalten, urteilen wir nicht mehr vorschnell. Wenn jemand uns anschnauzt, denken wir z. B.: *Wer weiß, was der/die gerade an Stress hat. Wenn ich in derselben Lage wäre, ich hätte vielleicht mit der Faust und nicht nur mit Worten zugeschlagen. Kann sein, dass diese Person, gemessen an der Last, die sie zu tragen hat, Gott sogar gerade mehr gehorcht als ich!*

- **6,6:** Christen sollten ihren Lehrern im Glauben »Anteil an allen Gütern geben«. Dies meint fast mit Sicherheit, dass sie sie finanziell unterstützen sollten.

Zusätzliche Frage

- **Warum verhindert die in Vers 3 beschriebene Einstellung die Befolgung von Vers 2?** Wenn wir zu hoch von uns denken (»er sei etwas«), verzichten wir nicht leicht auf unser »gutes Recht«, um anderen zu helfen.

---

5. → ***Ab in die Praxis:*** **In welchen dieser Dinge ist eure Gemeinde gut? Wo könnte sie besser werden?** Behandelt den ersten Teil dieser Frage, bevor ihr zum zweiten übergeht!
   - **Wie könnt ihr als Einzelne hier etwas bewirken?** Die Antworten sollten möglichst konkret und realistisch sein.

---

6. **Was ist das Prinzip der Verse 7–8?** Dass wir das ernten, was wir gesät haben (V. 7) – eine Gesetzmäßigkeit, die wir aus der Landwirtschaft kennen. Das Prinzip hat zwei Aspekte:
   - *Man erntet immer das, was man gesät hat.* Aus Tomatensamen entsteht kein Weizen!

- *Was man gesät hat, wird man auch ernten.* Die Ernte ist sicher, auch wenn dies eine ganze Zeit dauern kann.

Wenn ich auf meine sündige Natur säe (also das tue, was sie will, vgl. 5,16), werde ich »Verderben« ernten. Nicht nur in der Landwirtschaft, sondern auch in unserem moralischen Verhalten gelten bestimmte Gesetze. Wenn ich die Sünde wähle, wird die Quittung irgendwann folgen. Wenn ich immer wieder unehrlich bin, werden meine Beziehungen zerbrechen. Wenn ich dem Neid immer mehr Raum gebe, werde ich immer unzufriedener und verbitterter. Die Sünde verspricht Freude, aber in Wirklichkeit bringt sie Verderben.

Das einzig Richtige ist hier, »auf den Geist zu säen« – Gott zu gehorchen, um ihm Freude zu machen (und nicht: Gott zu gehorchen, um Strafe zu vermeiden, oder Gott ungehorsam zu sein, um mir selbst Freude zu machen). Wer aus freien Stücken für Gott lebt, wird »das ewige Leben ernten« – ein Leben das echt ist, in seiner Qualität wie in seiner Dauer.

Zusätzliche Fragen

- **Wer auf sein sündiges Wesen sät, erntet Verderben. Wo sehen wir das in unserer Umgebung und in unserem eigenen Leben?**

↓↓ ***Tiefer schürfen***

Lest Lukas 6,46–49. Was haben diese Bibelstelle und Galater 6,7–8 gemeinsam? Beide Male geht es darum, auf was ich mein Leben baue und dass dies Folgen für die Zukunft hat. Paulus sagt, dass ich das ernten werde, was ich gesät habe; Jesus sagt, dass es Konsequenzen hat, wie gut ich mein Haus gebaut habe. Beide Aussagen sind sowohl Aufforderung (so zu leben, dass mein Leben gesegnet ist und ich am Tag des Gerichts bestehen kann) als auch Warnung (vor dem Verderben, in das eine falsche Weichenstellung führt).

Wie kann Lukas 6 uns helfen, besser zu verstehen, wie wir säen, um dem Heiligen Geist zu gefallen? Es geht darum, die Worte Jesu zu hören und in die Praxis umzusetzen.

---

7. **Wozu ermutigt Paulus in den Versen 9 und 10?**
Dazu, Gutes zu tun.

Zusätzliche Fragen

- **Warum werden wir so leicht »müde«, Gutes zu tun?** Wir werden dann müde, wenn wir das Gute aus den falschen Motiven tun. Wenn wir Gutes tun, um *ein schönes Gefühl zu bekommen,* und uns stattdessen erschöpft fühlen, werden wir müde. Auch, wenn wir Gutes tun, um *Anerkennung zu ernten,* und dann feststellen müssen, dass niemand von uns Notiz nimmt. Und wenn wir Gutes tun, weil das eben unsere *Christenpflicht ist,* werden wir bitter und hören bald wieder auf (oder tun freudlos nur das Allermindeste). Aber wenn wir Gutes tun, *um Gott Freude zu machen und unseren Nächsten zu lieben,* werden wir nicht müde werden, egal, wie schwierig oder unbeachtet die Aufgabe ist.
- **Welche Motive und Prioritäten für das Tun des Guten nennt Paulus? Wie meint er das?**

  Motive: (1) Wir werden »ernten« (V. 9). Wir werden Früchte und Ergebnisse sehen (in unserem Leben und Charakter und bei unseren Mitmenschen). Aber so wie der Bauer, müssen auch wir auf die Ernte warten.

  (2) Christen gehören zu einer »Familie« (»des Glaubens Genossen«, V. 10). Christen sind adoptierte Söhne Gottes (4,5–6), sodass unsere Mitchristen unsere Brüder und Schwestern sind. Wenn die Gemeinschaft in unserer Gemeinde gut ist, sind wir eine gute Familie.

  Prioritäten: Wir sollen allen Gutes tun, vor allem aber anderen Christen. Das Christenleben besteht nicht in erster Linie aus Veranstaltungen und Programmen, ja noch nicht einmal aus Bekehrungen, sondern darin, dem Menschen, der da vor uns steht, Gutes zu tun und ihm das zu geben, was für ihn das Beste ist (z. B. ihm zurechthelfen, wenn er sündigt, V. 1). Man beachte, dass Paulus von »Gutes *tun*« spricht; es geht nicht nur um Worte. ***Hinweis:*** Das Bild von der Familie ist hilfreich. In einer starken Familie liebt man tiefer und hilft einander schneller – ohne deswegen den Nachbarn oder die Kollegin im Regen stehen zu lassen. Genauso bei den Christen: Wir sollen zuallererst unseren Glaubensgeschwistern Gutes tun, aber diese Haltung wird auch auf unseren Umgang mit denen, die keine Christen sind, abfärben.

8. **Warum sagen die Gegner des Paulus den Galatern, dass sie sich beschneiden lassen müssen, um erlöst zu werden?**
   - **Vers 12:** »Damit sie nicht … verfolgt werden.« Die Welt schätzt »Religion« und »Moral«, aber sie reagiert beleidigt, wenn man ihr sagt, dass sie zu schwach und zu sündig ist, um sich selbst zu erlösen.
   - **Vers 13:** »Damit sie sich eures Fleisches rühmen können«, d. h. damit sie andere beherrschen können.
   - **Was sagt uns das darüber, was diese Leute vor allem wollen (also auf was sie bauen und was sie anbeten)?** Sie wollen Sicherheit, sie wollen Anerkennung, sie wollen etwas darstellen. Mit anderen Worten: Ihre Arbeit ist eine Art Selbsterlösung, die ihnen ein behagliches Leben bringen soll.

9. **Was ist hier bei einem wahren Christen anders (V. 14–15)?** Das Herz meiner Religion ist das, worauf ich stolz bin. Was ist letztlich der Grund dafür, dass ich den Eindruck habe, die richtige Beziehung zu Gott zu haben? Paulus ist nur auf eines stolz: das Kreuz Christi (V. 14). Alles, was er ist und was er tut, bezieht er aus Christus. Echte Christen rühmen sich nicht Christi UND ihrer eigenen Leistungen. Unsere religiösen und moralischen

Siege und Niederlagen zählen letztlich nichts (V. 15). Das Einzige, was zählt, ist, dass man eine »neue Schöpfung« ist, d. h. durch den Glauben an Christus und sein stellvertretendes Sterben ein neues Leben bekommen hat. Darum kann Paulus sagen: »durch den mir die Welt gekreuzigt ist« (V. 14). Die Welt kann ihm nichts bieten, was er bräuchte, denn er hat schon alles in Christus.

10. **Inwiefern sind die Verse 14–15 eine Zusammenfassung des ganzen Briefes?** Sie resümieren die ganze Argumentation des Paulus:
    - Das Kreuz Christi ist alles, was wir brauchen, um vor Gott gerecht zu werden (2,15–16), seine Söhne zu werden (3,26) und dazu motiviert zu werden, aus Liebe sein Gesetz zu halten (5,13–14).
    - Christus erkennen ist alles, was jemand braucht, um ein Christ zu werden und als Christ zu leben (2,14–16).
    - Es ist egal, wie viel oder wie wenig wir religiös »leisten« (z. B., ob wir jüdische Rituale wie die Beschneidung befolgen). Was zählt, ist, dass wir unsere ganze Identität in Christus finden – in dem, was er ist und was er uns geschenkt hat (2,3–5; 5,4–6).

11. **Welche vier Dinge bringt solch ein Leben hervor (V. 16–18)?** *Frieden* (mit Gott, unserem Nächsten und uns selbst); *Barmherzigkeit* (von Gott); *»die Malzeichen Jesu«* an unserem Körper (d. h. für Jesus leiden); *Gnade* (d. h. unverdiente Gunst und Segen).
    - **Warum sind diese Dinge eine Folge davon, dass wir Jesus lieben und für ihn leben?**

      Friede: Friede mit Gott, weil wir durch Christi stellvertretendes Sterben und seine Gabe des vollkommenen Gehorsams gerecht gesprochen sind (2,15–16). Friede mit unseren Mitmenschen, weil wir sie jetzt lieben können, ohne etwas von ihnen zu brauchen (5,13–15). Friede mit uns selbst, weil wir nicht mehr im Hamsterrad der Leistung strampeln müssen, da Christus doch alles für uns getan hat (vgl. 4,7 mit 4,9).

Barmherzigkeit: Weil Gott uns durch Christus vergeben hat (3,13).

Die Malzeichen Jesu: Das Lieben und Leben des Evangeliums der Gnade macht uns unbeliebt bei denen, die sich einbilden, dass sie sich selbst erlösen können, sodass sie uns verfolgen (4,29; 6,12).

Gnade: Der ganze Segen Gottes ist unser durch Jesus, da der Glaube an ihn uns zu Söhnen und Erben Gottes macht (4,5.7).

12. → ***Ab in die Praxis:*** **Wie würdet ihr den Galaterbrief in einem Satz zusammenfassen?** Hier gibt es viele gute Antworten! Meine wäre z. B.: *Das Evangelium der Gnade durch den Glauben an Jesus Christus ist nicht nur die Eintrittskarte in das Christenleben, sondern sein A bis Z. Es ist alles, was wir brauchen.*

- **Wo macht der Galaterbrief euch Mut? Wo fordert er euch heraus?** Vielleicht bittest du die Teilnehmer, dies für sich aufzuschreiben. Wenn sie wollen (aber nur dann), können sie anschließend mit den anderen darüber reden.

EXTRA

Lest den ganzen Brief noch einmal durch. Am besten wäre es, wenn du ihn ganz vorliest und den Mitgliedern deiner Gruppe erlaubst, einfach zuzuhören und über die wunderbaren Wahrheiten des Evangeliums nachzudenken, die ihr in diesen sieben Sitzungen durchgearbeitet habt.

Die Deutsche Nationalbibliothek verzeichnet diese Publikation in der Deutschen Nationalbibliographie; detaillierte bibliographische Daten sind im Internet über dnb.de abrufbar.

Das Werk ist in allen seinen Teilen urheberrechtlich geschützt. Jede Verwertung ist ohne Zustimmung des Verlags unzulässig. Das gilt insbesondere für Vervielfältigungen, Übersetzungen, Mikroverfilmungen und die Einspeicherung in und Verarbeitung durch elektronische Systeme.

Titel des englischen Originals:
Galatians: Gospel matters
© 2012 by Timothy Keller
Published by
The Good Book Company

Wenn nicht anders angegeben, wurde folgende Bibelübersetzung verwendet:
Lutherbibel, revidiert 2017,
© 2016 Deutsche Bibelgesellschaft, Stuttgart

© 2022 Verbum Medien gGmbH,
Bad Oeynhausen
www.verbum-medien.de
info@verbum-medien.de

Übersetzung:
Friedemann Lux
Lektorat:
Viktoria Schiller
Buchgestaltung und Satz:
Samuel Hinterholzer
Druck und Bindung:
FINIDR, s.r.o.

1. Auflage 2022
Best.-Nr. 8652 020
ISBN 978-3-98665-020-9
E-Book 978-3-98665-021-6

Solltest du Fehler in diesem Buch entdecken, würden wir uns über einen kurzen Hinweis an fehler@verbum-medien.de freuen.

Evangelium 21

Zu Evangelium21 gehören Christen aus verschiedenen Kirchen und Gemeinden, die ihren Glauben fest auf Jesus Christus gründen. Ausgerichtet auf die von den Reformatoren wiederentdeckten Wahrheiten – *Gnade allein, Glaube allein, die Schrift allein, Christus allein und zu Gottes Ehre allein* – setzt Evangelium21 Impulse, durch die Gemeinden gestärkt werden.

Als Anlaufstelle für Gleichgesinnte und Interessierte empfehlen wir Kontakte und Ressourcen. Die von uns angebotenen Materialen und Veranstaltungen betonen die Zentralität des Evangeliums für den Gemeindealltag und für das gesamte Leben.

evangelium21.net

www.verbum-medien.de